Stehenbleiben für Fortgeschrittene

Sebastian 23

Erste Auflage 2019

Lektora GmbH
Schildern 17–19
33098 Paderborn
Tel.: 05251 6886809
Fax: 05251 6886815
www.lektora.de

Druck: Standartu spaustuve, Vilnius
Covermotiv: Philip Volkenhoff
Covermontage: Philip Volkenhoff
Lektorat: Lektora GmbH, Denise Bretz
Layout Inhalt: Lektora GmbH, Denise Bretz
Printed in Lithuania

ISBN: 978-3-95461-147-8

Inhalt

»Mental steckst du fest im Zenith
Emotional steckst du fest im Zement«
(Retrogott)

Teil 1

Zwischen Aalen und Zypressen

A. N. G. S. T.

Anfangs nämlich Grüße, sämtliche Traumfrauen
Auch natürlich Gentlemen, samt Tinderdate
Alle nach genanntem Schema treffend
Also nun, geneigt schauende Tausend!

Auf neue Geschichten, sanftes Teutonenreich
Alterndes Neuland, gemischt seine Teile

Also nun gelauscht speziellem Thema:
Alpenfreistaat, neureich, gelegen südlich, trinkfest
Anführer namentlich genannt: Seehofer, Typ
Alleinherscher; nur Gehässige sagen »Tyrann«

Aber neuerdings gerät Souverän tragisch
Am nervösen Grenzzaun syrische Trauerzüge
Angst! Natürlich geht sie tief!
Alle nämlich geflohen sicherem Tod

Abendland, Nachtland, Grenzzaun, Stacheldraht, Transfer
aus Nahost, Geflüchtete samt Tross
»Aha! Nein!«, geifert Seehofer tierisch
Aufregung nährt genau seinen Tonfall

»Alles Neue gefährlich, sagt Tradition!
Anfangs notlanden, gerade so tolerierbar
Aber Niqabs gehören sicher terminiert!
Auch nicht grapschend Schwimmbäder terrorisieren!

Andersdenkende Neulinge, gepflegte Sitten torpedierend!
Asylbetrüger nuckeln gierig Sozialsysteme trocken!

Allerschlimmstens: Neben Geflüchteten sind Terroristen!
Anschläge nähren genau solche Theorien!
Amok nach grausamem Schema Tod!
Apokalypse! Nuklearer Gau! SUPER TERROR!

AAAAAAH! NNNNNN! GRRRRR! SSSSSSSSSSS!
TATTATTATTAT!«

Angela nerven gewaltig Seehofers Tiraden
Andere nutzen Gegenwind selbst tobend
AfD nennt Gerede softe Töne
Aber niemand gibt Seehofers Trotzkopf
Aus nötigen Gründen seine Totalkontrolle

Alle nörgeln gegen seine Tiefschläge
Ach, niemand glaubt seinen Thesen
Abendland, Nachtland, gibt sich taub
Allmächtiger Nimbus gefürchteter seichter Toleranz

Armer, nicht gehörter Seehofer, töricht
auf nutzlosem grauen, staubigen Thron
Ach, nichts geschafft, stattdessen Tristesse
Alles narkotisierender Gedanke seltsamer Tiefe

Altert nun, gibt sich Träumen
Anheim, nagt Graubrot samt Teewurst
Altersheim, neue Gemächer Seehofers, träges
Abendbrot, Nachtruhe, gelangweilt, schaut Telenovelas

Allein, nötig gelegentlich sein tüchtiger
Altenpfleger, Nissam genannt, syrischer Typ,
Augen nussbraun, groß, stark, Totalkontrolle,
aber nebenbei glücklicherweise sehr tolerant

In der Blüte der Quadrate

(Ein Mitmachtext, bei dem das Mitmachen aus Nichtstun besteht)

Wo die Quadrate am prächtigsten blühen,
da fürchtet man Ecken und Kanten
Da ist man geprägt vom echten Bemühen,
in der Mitte der Strecke zu landen
Hier schert man nicht aus, da stößt man nicht an,
trägt man Scheuklappen an seinen Sorgen
Ist man glatter als Wasser auf ruhenden Seen,
die Heugabeln bleiben verborgen

Es war schon mal schlimm,
jetzt geht es uns gut und bequem,
bitte nicht mehr bewegen
Dass die Erde sich dreht, ist nicht unser Problem,
solange wir nicht drüber reden
Im Winde klirren die Ränder der Wahrnehmung
zwischen Empfängern und Sendern
Nur wenn es ganz schlimm kommt, täuschen wir an,
hier wirklich etwas zu verändern

Strahlt Fukushima, verkündet Geschrei,
dass wir die Atomkraft beenden
Klingt superprima, doch lassen wir's dabei
schon nach einem Monat bewenden
Wir schimpfen nur kurz, klauen uns Banken
durch Steuertricks fünfzig Milliarden
Denn wir haben vom Schaden selbst nur
ein Achtzigmillionstel künftig zu tragen

Stehen die Flüchtlinge schon an den Grenzen,
dann dürfen ein paar hier einlaufen
Danach übersehen wir gerne, dass täglich
im Mittelmeer Menschen ersaufen
Dann wird halt mit alldem so weitergemacht,
wie wir es stets schätzten und hielten
Im Land des Bewahrens wird nur heiter gelacht,
wenn wir ganz ohne Einsätze spielten

Bloß keinen Stress, kein Entblößen,
nur so bleibt hier endgültig alles beim Alten
Und der Alte ist weiß, cis und Hetero-Mann,
der konnte stets schalten und walten
Doch scheu wie ein Rehkitz, man darf ihn nicht reizen
in Bild oder Ton oder Schrift
Sonst erschreckt er sich noch, dann schimpft er lautstark
»Genderwahnsinn« und »linksgrünversifft«

Wollt ihr, dass alles beim Alten bleibt?
Das Publikum schweigt.

Wo die Quadrate am prächtigsten blühen,
da fürchtet man Ecken und Kanten
Da ist man geprägt vom echten Bemühen,
in der Mitte der Strecke zu landen
Hier schert man nicht aus, da stößt man nicht an,
trägt man Scheuklappen an seinen Sorgen
Ist man glatter als Wasser auf ruhenden Seen,
die Heugabeln bleiben verborgen

Sind wir laut Bibel das Salz dieser Erde,
dann scheint sie mir etwas verwürzt
Von Selfiestick-Menschen, Headset geknebelt,
den Blick in den Bildschirm gestürzt
Doch niemand ist dabei so wirklich allein
im munteren Strampeln nach Macht
Wenn jede nur ausreichend an sich selbst denkt,
dann ist doch an alle gedacht

Salbe mein Haupt in Neonröhren,
Frappuccino, Mobiltelefonen
Damit unter Tattoos die Haut nicht so juckt,
weil wir im Wohlstandsloch wohnen
Unten im Brunnen, im flachkalten Wasser,
umzingelt von steilglatten Wänden
Kann man nicht klettern, doch hält sie wie Gold
in den greifenden Flächen von Händen

Alles ist rund wie der Himmel, die Sonne
und sind wir mal strenger und ehrlich
Auch wir selbst sind schon rund, denn rund sind wir uns
dann auch endlich nicht länger gefährlich

Statt Ideen vom Wir, nur uns zu verwirklichen
zwischen der Wiege und Truhe
Zwischen Ampeln mit Männchen
und »Draußen nur Kännchen«
lassen wir uns halt in Ruhe

In der parlamentarischen Demokratie
darf man sich alle vier Jahre melden
Man wählt neue Helden, die uns dann retten,
zum Glück sind das immer dieselben
Die sagen »Wir schaffen das«, doch putzen sie nicht
in den Fugen von Paul Celan
Und wir sind noch dankbar, wenn nichts passiert,
als wären wir aus Porzellan

Importieren die Waren, aber schauen mit Sorge
auf Menschen aus anderen Ländern
Dass die Uhren sich drehen, ist fast schon zu viel,
denn hier soll sich gar nichts verändern
Das Gehalt soll nur wachsen, der Fernseher braucht
mehr HD als der bei den Nachbarn
Und reißt uns die Zukunft ein Loch in den Bug,
dann bleiben wir alle halt achtern

Was soll dabei schon schiefgehen?
Das Publikum schweigt.

Aber was, wenn sich rausstellt, dass, wie es ist,
können keine zehn Pferde erhalten
Wurde zu hoch gebaut, wird das Fundament krank,
dann bleiben nur Scherben vom Alten
Denn sind die Ressourcen erst einmal erschöpft
und die Erde zu Ende gemolken
Versteckt sich die Sonne der ewigen Gleichförmigkeit
schließlich hinter den Wolken

Da hilft kein trüb stochern und immerzu sagen:
»Aber wir ham doch schon immer«
Der Versuch, hier alles beim Alten zu halten,
macht dann wirklich alles nur schlimmer
»Aber plötzlich zu handeln, das ist Aktionismus,
die Krise wird jäh überschätzt«
Nein, die Krise ist alt, wir wussten das lange,
und haben gezögert bis jetzt

Jetzt brennen die Wälder, die Dürre greift um sich,
die Stürme zerreißen die Stille
Die Polkappen schmelzen, die Tiere verrecken,
uns Menschen bleibt nur der Wille
Zu atmen, im Feinstaub der Realität
wirken die Utopien verschwommen
Die Klage erhob sich und wurde versenkt,
denn wir haben zur Antwort bekommen

»Industrien verschonen und schön langsam machen,
um Betroffene nicht zu belasten«
Wundert euch wirklich, wenn Kinder mit Schildern
auf offener Straße ausrasten?

Das mit dem Flugzeug, dem Schiff und dem Auto,
das ist wirklich einfach erklärt
Weil man quasi damit etwa alle zehn Meter
ein künftiges Kind überfährt
Wenn man nichts macht, wird Idylle zu Gülle,
das letzte Stück Erde vermüllt
Also weniger Plastik und weniger Fleisch,
keine Flüge von Hamburg nach Sylt
Das auch per Gesetz und per Steuer,
weil heuer Appelle hier wenig erreichen
Klar tut das weh, das hat Ecken und Kanten
und wird euch Gewohnheiten streichen

Wird uns unbequem sein, wird Streit provozieren,
mit jenen, die Blicke verweigern
Doch die Uhr dreht sich weiter,
auch wenn sie sich festklammern
an ihren tickenden Zeigern
»Das muss man doch alles besonnen angehen,
lasst uns nochmal drüber reden«
Wir können gern drüber reden, doch lass uns zuerst
diesen Flugzeugabsturz überleben

Wo die Quadrate am prächtigsten blühen,
da fürchtet man Ecken und Kanten
Da ist man geprägt vom echten Bemühen,
in der Mitte der Strecke zu landen
Man hört es vibrieren, Motoren schon stottern,
hinter Scheuklappen unserer Sorgen
Und wenn wir die Klappen nicht aufmachen,
dann ist schon heute das Ende von Morgen

Wollt ihr was ändern?
Das Publikum schweigt.

Dann lasst euch nicht länger sagen,
dass ihr nichts machen könnt

Numerisches Meeting

EINSt in der
ZWEIgstelle einer
DREIsten
VIERma
FÜNF ent-
SECHSliche Gestalten ver-
SIEBEN aus
ACHTlosigkeit den
NEUN Trend der
SZENe.
Denen war nicht mehr zu
'ELFen!

Numerisch einen Korb kriegen

Yv-ONE
Egal, was ich TWO
Du schaust, als wäre ich ein THREEbtäter
Und hätte Schreckliches mit dir FOUR
Als ob ich nach dir FIVE
Oder ungefragt im Bus neben dir SIX
Sind wir denn nicht auf derSEVEN Wellenlänge?
Ich hab extra eine DiEIGHT gemacht
Doch du sagst immer NINE
Obwohl wir eine tolle Zukunft zusammen hätTEN

Numerisches Saufen

Äääh, UN
Saufen kann DEUX-tlich sein
Du stirbst einen TROIS-gischen Tod
Oder hast am nächsten Morgen einen fiesen QUATRE
Nimmst Tabletten mit Vitaminen und CINQ
Leute sagen, du SIX
Ent-SEPT-zlich aus
Du weißt nicht, HUIT dir geschieht
Deine NEUF-en liegen blank
Was los? DIX das?
Die nächste Runde ist besser ohne ONZE
Egal, wie DOUZE TREIZE und wendest
Du überlebt nicht noch einen von diesen QUATORZE
Ich hoffe, dass du das verstehen QUINZE
Sonst leck mich doch an meinem Ge-SEIZE

Wellenreiten ohne Seepferdchen

Diesen Sommer war ich das erste Mal surfen.

Ein wahnsinnig aufregendes Erlebnis. Ich, allein gegen die Naturgewalten, nur mit einem Brett und einem Neoprenanzug bewaffnet.

Wer schon einmal ein quietschbuntes Kondom über eine verkümmerte Steckrübe gezogen hat, der kann sich in etwa vorstellen, wie ich in einen Neoprenanzug eingestiegen bin. Und wie ich dann aussah.

Das Surfen an sich lief dann besser.

Dank meiner schnellen Auffassungsgabe und meines gestählten Körpers war ich aber schon nach einer halben Stunde nicht nur in der Lage, auf dem Brett zu liegen, sondern mich sogar auf die Füße zu schwingen. Aufrechtstehend ließ ich mir die frische Brise um die Ohren wehen und die Sonne auf der Nase tanzen.

Was für ein Gefühl. Ich war der König der Welt. Mindestens.

Aber dann meinte der Surflehrer, ein durchtrainierter Portugiese namens Felipe, ich sei jetzt fertig mit den Trockenübungen am Strand und dürfte ruhig mal raus aufs Meer.

»Aufs Meer?«, fragte ich und sah ihn ungläubig an.

»Das ist doch Wahnsinn. Da ist doch alles voller Wellen!«

»Darum geht es ja gerade«, entgegnete der Surflehrer und signalisierte mir lächelnd mit einer Geste, dass er mich demnächst mal anrufen will. Er schüttelte mir seine Faust entgegen, wobei Daumen und kleiner Finger ausgestreckt waren.

Da er jedoch direkt vor mir stand, setzte ich das Gespräch sofort so fort.

»Aber wenn ich auf einem Brett auf das Meer gehe, dann bin ich für die Haie doch Essen auf einem Tablett.«

»Das hier ist kein Haigebiet. Alles easy.«

Felipe lächelte bekräftigend und zeigte mir erneut per Handbewegung, dass er sich telefonisch melden werde.

Langsam wurde ich unruhig und rief:

»Wer glaubt, dass die Haie nicht aus ihrem Gebiet rausschwimmen können, der glaubt auch, dass es außerhalb der gelben Quadrate am Bahnsteig keinen Rauch gibt.«

Er sah mich fragend an. Vermutlich gab es in Portugal keine magischen gelben Quadrate am Bahnhof. Ein Wunder, dass sich das nicht international durchgesetzt hat. So kam ich auch nicht aus der Nummer raus.

Felipe bestand weiterhin darauf, alles andere telefonisch zu regeln, also ergab ich mich meinem Schicksal und watete in die Gischt. Das Brett hatte ich unter meinen Arm geklemmt und sah dabei vermutlich so lässig aus wie ein fußkranker Lemur, der eine handelsübliche Waschmaschine eine Kellertreppe runterträgt.

Surfen ...

Wer ist eigentlich auf die Idee gekommen, einen grob türförmigen Gegenstand aufs Meer hinauszutragen, um sich dann daraufzustellen und zu gucken, was passiert? Geht's noch?

Ich sah zum Strand zurück, von wo aus Felipe mir zulächelte, noch immer zur Telefonkonferenz bereit. Ich lächelte zurück, vielleicht etwas gequält, und erwiderte die Geste.

Felipe sah etwas irritiert aus und erst begriff ich nicht genau warum. Aber mit einem Blick an mir herab wurde mir langsam klar, dass ich anatomisch überhaupt nicht imstande war, mit einer Hand gleichzeitig zu grüßen und ein Surfbrett festzuhalten.

Das Board hatte sich also in der Folge selbstständig gemacht, ohne ein Gewerbe anzumelden. Nach deutschem Recht fast undenkbar, aber wir waren hier ja auch in Portugal.

Schutzsuchend warf ich mich unter die nächste Welle. Als Willkommensgruß wirbelte sie mich dreimal um die eigene Achse, bis ich es am Ende machte wie alle meine Entchen: Köpfchen unter Wasser, Schwänzchen in die Höh.

Das klingt jetzt erstmal spaßig, aber es hatte auch etwas Bedrohliches.

Instinktiv erkannte ich die Gefahr: Tiefenrausch. Der Wasserdruck kann indirekt auf das zentrale Nervensystem schlagen und zu schweren kognitiven Einschränkungen führen.

Und hier war das Wasser immerhin knietief.

Unter Wasser tauchte vor meiner Nase ein Clownfisch auf.

»Nemo?«, fragte ich blubbernd.

Der Clownfisch musterte mich kurz und gab mir dann mit der linken Flosse eine kräftige Ohrfeige.

Ich wollte ihn gerade zurückboxen, als mich plötzlich etwas an den Beinen packte und aus dem Wasser zog. Felipe trug mich zurück an den Strand. Mit seinen Fingern zog er einige Linien in den Sand und zeigte dann darauf.

»Man kann nie wissen. Am besten bleibst du in diesem gelben Quadrat.«

Das war die beste Idee des Tages.

Glücklich legte ich das Board auf den Strand und surfte den Rest des Tages ganz entspannt und lässig auf der Stelle. Anfangs stand ich dort allein, während Felipe die anderen Surfschüler*innen in die Wellen schickte. Aber mit der Zeit hatten auch die anderen genug Salzwasser geschluckt und gesellten sich zu mir.

Unter Felipes staunenden Augen entstand ein Spalier aus einem Dutzend prächtiger und standfester Sandsurfer*innen. Der Lehrer hatte keine weiteren Fragen, zumindest signalisierte er endlich nicht mehr, dass er telefonieren wollte.

Erst als die Sonne untergegangen war, brachte ich, zufrieden mit meinem Tagewerk, das Surfboard zurück. Weil ich dabei bemerkte, dass ich da nicht mehr rauskam, trage ich den Neoprenanzug jetzt auch privat.

Was soll ich sagen: Es ist hinderlich bei der Verrichtung der Morgentoilette, aber man spart Heizkosten. Falls ihr weitere Fragen habt, ruft einfach an.

Umlaut zu sein

Dänen, die auf Dünen dösen,
nennt man Dünendösedänen
Himmlisch gähnen kühne Möwen
jenes kühne Möwengähnen
Schnäbel singen müde Töne
zwischen schönen Flügelschlägen
Schweben wie gelöste Tränen
über Dünendösedänen

Böen, die hinüberwehen,
föhnen zügellos die Mähnen
Bügeln Bögen aus den Strähnen,
lösen Knötchen im System
Fügen sich nicht blöde
dem trüben öden Weltgeschehen
Leben lieben üben eben
jene Dünendösedänen

Candidate

Wie ich gelernt habe, dass Dates Spaß machen können?

Nun, sagen wir mal so: Dates waren nicht immer meine Stärke.

Noch schlechter aber bin ich darin, fremde Menschen anzusprechen. Oder gar Menschinnen.

Das führt dazu, dass ich schweigend vor der Verkäuferin an der Käsetheke stehe und mit einer scheuen Kopfbewegung auf den Emmentaler deute. Ich kann gar nicht sagen, wie viel Gouda ich deswegen schon gegessen habe.

Und wenn ich abends im Club eine Dame entdecke, die mein Interesse weckt, dann läuft das im Prinzip ähnlich. Ich stehe schweigend an der Theke und deute mit einer scheuen Kopfbewegung auf die Auserwählte. Ich kann gar nicht sagen, mit wie vielen falschen Leuten ich deswegen schon geschlafen habe.

Und ja: Ich habe »Leute« gesagt und nicht »Frauen«.

Vielleicht sollte ich auch einfach an meiner Technik arbeiten, mit dem Kopf zu deuten.

Einmal habe ich mich übrigens doch getraut, in einem Club auf eine Frau zuzugehen. Eine anmutige Erscheinung war das, lange, braune Locken, und Augen so dunkel und tief wie ein mondloser Nachthimmel. Sie stand an der Bar wie eine Gazelle an der Wasserstelle in der Serengeti. Also pirschte ich mich durch die Menge der Tanzenden heran wie ein Löwe durch das hohe Gras der Savanne. Ich näherte mich mit weichen, aber kräftigen Bewegungen, meine Mähne wehte im lauen Steppenwind. Sie senkte ihren schlanken Hals, spitzte ihre Antilopenlippen und zog an dem Strohhalm ihres Mojitos.

Als ich schließlich neben ihr stand, hatte ich mich so sehr in das Savannenszenario gesteigert, dass ich ihr aus Versehen in den Arm gebissen habe.

Der Türsteher hat mich dann mit einem Betäubungspfeil zur Strecke gebracht, mir das Fell über die Ohren gezogen und einen Bettvorleger aus mir gemacht.

Dates waren nicht immer meine Stärke.

Aber Alleinsein eben auch nicht. Wenn ich zu lange alleine bin, fange ich an, Selbstgespräche zu führen. Da ich mir selbst gut gefalle, wird der Tonfall dabei schnell flirty, und das ist dann ziemlich awkward für alle Beteiligten.

Also begebe ich mich doch immer wieder auf die Suche. Nur wie?

Die Idee von *Candidate* hat mir sehr gut gefallen, als ich davon hörte. Na klar, dachte ich, man ist beim Kennenlernen oft viel zu oberflächlich und achtet nur auf das Aussehen, bis man plötzlich seiner Traumfrau in den Arm beißt.

Da ist es doch viel einleuchtender, sich beim Kennenlernen ein bisschen zu unterhalten – oder gleich erstmal fünf Fragen zu stellen und zu beantworten, bevor man sich überhaupt sieht.

Ganz ehrlich, wenn jemand auf die Frage nach seinem Lieblingsessen antwortet: »Mein Lieblingsessen ist der

Nutella«, dann will man doch schon gar nicht mehr wissen, wie derjenige aussieht.

Also wollte ich mir die *Candidate*-App auf mein Handy ziehen, aber musste feststellen, dass die überhaupt nicht mit dem Betriebssystem kompatibel ist. Ich habe ein Nokia 3310. Ich kann einfach nichts wegwerfen, was noch funktioniert, dementsprechend werde ich wohl noch Wochen nach meiner Beerdigung zwei Meter unter der Erde Snake spielen können. Ich musste also kreativ werden, wenn ich dennoch mit einer der Methoden von *Candidate* arbeiten wollte.

Als mich also eines schönen Tages mein Arbeitskollege Sven mit einer alten Schulfreundin von sich namens Elena zu einem Blind Date zusammenbrachte, wusste ich, was zu tun ist.

Wir waren um 19 Uhr zum Abendessen in einem italienischen Restaurant verabredet und ich hatte mich in Schale geworfen: Ich betrat den Laden in einem dunkelblauen maßgeschneiderten Anzug und mit einem Kartoffelsack über dem Kopf. Durch den groben Leinenstoff sah ich Elena, die ich sofort am vereinbarten Zeichen erkannte, einer Rose im Knopfloch. Außerdem war sie die einzige andere, die ebenfalls einen Kartoffelsack auf dem Kopf hatte.

Nach einer kurzen Begrüßung begann ich ohne Umschweife mit der ersten Frage: »Was ist dein Lieblingsgegenstand in deiner Wohnung?«

Elena dachte nicht lang nach:

»Das Licht im Kühlschrank. Sonst würde ich ja nachts das Essen nicht sehen.«

Sehr gut, dachte ich. Ich mag ja Frauen, die sich für Technik interessieren.

»In welchem Film hättest du gerne mitgespielt und warum?«

»Batman vs. Superman. Dann hätte ich am Set dem Drehbuchautoren eine knallen können.«

Richtige Antwort. 100 Punkte. Außerdem gefielen mir ihre dunkle Stimme und ihre Bereitschaft zur Gewalt. Nächste Frage.

»Wenn wir bei einem Date plötzlich meinen Eltern begegnen, wie würdest du reagieren?«

»Hmm ... Ich würde deiner Mutter Komplimente für den reizenden Kartoffelsack auf ihrem Kopf machen.«

»Das wird ihr gefallen«, nickte ich anerkennend.

»Frage Vier: Welche drei Inseln würdest du auf einen einsamen Gegenstand mitnehmen?«

»Santorini, Fuerteventura und Berlin.«

»Berlin?«, hakte ich nach.

»Nur weil Brandenburg nicht aus Wasser ist, heißt das nicht, dass Berlin keine Insel ist.«

Ich wackelte anerkennend mit dem Kartoffelsack. Schlagfertig war Elena auf jeden Fall.

»Letzte Frage: Star Trek Originalserie oder New Generation?«

»Die Originalserie ist besser als New Generation, aber Picard ist besser als Kirk. Wenn du mir eine Frage aus ‚Big Bang Theory' stellst, kriegst du auch eine Antwort daher.«

Was sollte ich an der Stelle anderes machen, als mich in diesen Kartoffelsack zu verlieben? Mein Herz klopfte, aber ich versuchte, cool zu bleiben.

»Okay«, sagte ich, »das klingt für mich alles super. Von mir aus können wir die Kartoffelsäcke gerne lüften.«

»Einverstanden.«

»Auf drei.«

Ich zählte bis drei und wir zogen uns gleichzeitig den Sack vom Kopf.

Es dauerte einen Moment, bis mir klar wurde, woher ich die langen, braunen Locken und diese dunklen Augen kannte. Erst jetzt sah ich auch die Bissspuren an ihrem linken Arm.

Elena sah mich mit entsetzten Gazellenaugen an.

Ich rang um Worte:

»Äh ... Hmmm ... Ich hätte gerne 200 Gramm Emmentaler?«, hörte ich mich sagen und wollte am liebsten in den Kartoffelsack zurück.

Elena überlegte nicht lange und biss mir in den linken Arm.

Ich überlegte auch nicht lange und sagte:

»Aua.«

»Jetzt sind wir ausgeglichen«, entgegnete Elena und lächelte.

Und so habe ich gelernt, dass Dates eben doch Spaß machen können.

Eins sein in Ines

Ein Gedicht aus vier Buchstaben

Sein
Ein Sein
Ein Sein is seins
Sein Sein
Sein Sein is Eins
Eins sein is seins
Eins sein is in
Eins sein is neiss

Es is ein Sinn
Es is ein Sinn in Sein
Sein Sinn is sie
Sie is Ines
Sie is sein Sinn in Sein
Sie is sein Sein
Sein Sinn is Eins sein – in Ines

Sie
Sie is Ines
Ines siesse sein Sein?
Ines: Nein

Seine Ines is nie seine?
Nie?
Sie is Eis!
Sie is Eisi Eis!
Sie is seine Sense!
Ines Niesen is sein Essen!
Ines is in I. S.!

Is sie es?
Is sie sein Sinn?
Nein!
Sie isses nie
Sein Sinn is Sein
Sein Sinn is Eins sein

Eins

Pork und Lubutsch

Pork:	Enschuldigung.
Lubutsch:	Ja, bitte?
Pork:	Mir ist aufgefallen, Sie stehen hier im maßgeschneiderten Nadelstreifenanzug, knieftief in der steigenden Flut der Nordsee.
Lubutsch:	Sie haben ein sehr gutes Auge.
Pork:	Kann ich mich da dazustellen?
Lubutsch:	Bitte gern. Es ist genug Meer für alle da.
Pork:	Es wäre ja auch schräg, gäbe es zu wenig Meer.
Lubutsch:	Wie bitte?
Pork:	Ein Witz.
Lubutsch:	Aha.
Pork:	Ja … Äh …
Lubtusch:	Mhm, mhm.
Pork:	Ja … Schönes Meer.
Lubutsch:	Für die meisten ist es das Meer, für mich ist es der größte Wassertropfen der Welt.
Pork:	Sehr tiefsinnig. Knietiefsinnig, wenn man so will.

Lubutsch:	Nein, das will man nicht.
Pork:	Ja … Äh ….
Lubutsch:	Darf ich mich vorstellen? Mein Name ist Lubutsch, ich bin Klimaforscher von Beruf und mein Hobby ist es, Zufälle zu verleugnen.
Pork:	Mein Name ist Pork, ich halte eine Professur für Wahrscheinlichkeitsrechnung und mein Spezialgebiet ist der Zufall. Mein Hobby ist es hingegen, den Klimawandel zu verleugnen.
Lubutsch:	Ich glaube nicht, dass das ein Zufall ist.
Pork:	Aber es ist doch bis über die Grenzen des Vorstellbaren hinaus unwahrscheinlich!
Lubutsch:	Ich glaube generell nicht an Zufälle.
Pork:	Aber wenn die Situation der wissenschaftlichen Definition eines Zufalls entspricht?
Lubutsch:	Die wissenschaftliche Definition eines Zufalls ist es, dass sich zwei Herren in maßgeschneiderten Nadelstreifenanzügen knietief im Meer begegnen und feststellen, dass das Hobby des einen der Beruf des anderen ist – und umgekehrt?
Pork:	(…)
Lubutsch:	(…)
Pork:	Im Prinzip schon, ja.
Lubutsch:	Dann glaube ich nicht, dass wir uns begegnet sind.
Pork:	Aber ich stehe doch neben Ihnen.
Lubutsch:	Na und?
Pork:	Bin ich denn kein Beweis?

Lubutsch:	Nein, Sie sind Zufallsforscher.
Pork:	Wie bitte?
Lubutsch:	Ein Witz.
Pork:	Aha.
Lubutsch:	Wenn Sie an sich herabsehen, was sehen Sie dann da?
Pork:	Einen Penis?
Lubutsch:	(...)
Pork:	(...)
Lubutsch:	Ich meine weiter unten.
Pork:	Immer noch meinen Penis.
Lubutsch:	Wie bitte?
Pork:	Er ist sehr lang.
Lubutsch:	Ich meine noch viel weiter unten. So auf Kniehöhe.
Pork:	Da ist immer noch mein ...
Lubutsch:	(unterbrechend) Ich meine das Meer. Wir stehen beide knietief in der Nordsee.
Pork:	Sie haben aber auch ein sehr gutes Auge.
Lubutsch:	Und trotzdem leugnen Sie den Klimawandel?
Pork:	Was hat denn der Klimawandel damit zu tun?
Lubutsch:	Nun, wir stehen in der Innenstadt von Gelsenkirchen.
Pork:	Und ich hatte mich schon gewundert, warum hier nichts los ist.
Lubutsch:	Kommt es Ihnen nicht komisch vor, dass die Nordsee neuerdings bis Gelsenkirchen reicht?

Pork:	Das hat mit dem Klimawandel nichts zu tun. Das ist einfach ein Zufall.
Lubutsch:	Das glaube ich nicht.
Pork:	Das war mir klar.
Lubutsch:	(...)
Pork:	Schönes Meer, oder?

Ausverkauf

100 % auf alles

Aufgepasst und mitgedacht!

Sonderangebote!

Kommen Sie näher!

Billig ist chillig, Bares für Wahres, der Preis ist nice!

Sparen Sie sich die Lobby-Arbeit, kaufen Sie sich direkt einen Politiker!

Peter Ramsauer von der CSU z. B. kassiert jeden Monat geschätzte 7.000 Euro als Vorsitzender des Lobbyvereines Ghorfa. Dafür ist er sein eigener Lobbyist! Für nur ein paar Tausend Euro! Ob das ein Interessenkonflikt ist? Who cares? Günstig, günstig!

Sonderangebote!

Kommen Sie näher!

Eine Warenpalette breiter als der Amazonas wartet auf Sie!

Kaufen Sie sich Krankheit!

Die Firma Vaev, 2017 in Kopenhagen gegründet, bietet gebrauchte Taschentücher zum Kauf an, mit denen die Kundschaft ihr Immunsystem trainieren soll. Reiben Sie sich ein – mit den Viren der anderen! Ohne Spritzen, Chemikalien und die böse, böse Schulmedizin! Die Taschentücher gibt es für nur 80 Dollar – und sie sind inzwischen ein weltweiter Erfolg! Ob das völlig bescheuert ist? Who cares? Günstig, günstig!

Alles reduziert, außer die Qualität!

Aufgepasst und mitgedacht!

Gleich hier vor Ort, to go oder per Express nach Hause geliefert.

Kaufen Sie sich nicht einfach nur den Tod!

Kaufen Sie sich die Verhinderung von Leben!

Eine Frau namens Barbara Harris bietet in den USA Heroinsüchtigen 300 Dollar, wenn Sie sich sterilisieren lassen. Nach eigenen Angaben hat sie über 7.000 Menschen dazu gebracht, sich unfruchtbar machen zu lassen. Harris will weniger Junkie-Kinder und Junkies wollen 300 Dollar! Sauberer Deal! Dass Süchtige manchmal ihr Leben nicht im Griff haben und Hilfe brauchen, statt sie als fortpflanzungsunwürdig zu bewerten? Who cares? 300 Dollar! Günstig, günstig!

Kommen Sie näher!

Noch billiger und wir würden uns selbst beklauen!

Ein echter Schnapper!

Kaufen Sie sich Leben!

Pattharamon Janbua kommt aus Thailand und ist verschuldet, weswegen sie 2014 von einem australischen Paar 8.000 Euro annimmt für das Austragen eines Kindes. Es werden Zwillinge. Bei der Geburt stellt sich jedoch heraus, dass eines der Kinder Down-Syndrom hat. Die Eltern holen sich also nur das andere Kind und lassen Janbua mit dem Kind mit Behinderung zurück. Dass dieses dringend eine Herz-OP benötigt, die sich die Mutter nicht leisten kann: Who cares? 8.000 Euro für 1 Kind waren abgemacht! Günstig, günstig!

Kommen Sie näher!
Machen Sie mit!
Es muss ja nichts so Krasses sein!
Hier gibt es wirklich alles!

Es ist Sell-Out
Die Welt raucht
Du selbst auch
Doch du hältst aus
Weil du das Geld brauchst
Werbung bellt laut
Zieh den Helm auf
Es ist Sell-Out

Ob du was zu Saufen brauchst
Oder eher Frauentausch
Suchst du nach dem schlauen Plausch?
Second Hand und kaum gebraucht?
Ob du nur nach Schrauben schaust
Oder suchst nach Pausenclowns
Hier gibst du den Glauben auf
Weil du dich nur trauen brauchst
Dir ploppen gleich die Augen raus
Weil dir im Ohr die Kaufsucht rauscht
Das Glück wird dir ins Haupt geschraubt
Geldscheinkante Außenhaut

Kein Grund, dass du so traurig schaust
Du wirkst auf mich ganz ausgelaugt
Als ob du dich kaum noch aus dem Haus raus traust
Dort wie Haufen Laub verstaubst
Keine Angst, ich glaube auch
Machst du nur Herz und Augen auf
Und merkst, dass du das Brauchen brauchst
Dann glaubst auch du an Ausverkauf!

Jetzt schau nicht so betrübt
Kauf dir was Schönes
Zum Beispiel die Zukunft
Who cares?
300 Dollar!
Günstig, günstig!

Die Sache mit dem Ge

Eine Hommage an Michael Schönen

Es gibt da eine Sache
Die ich nicht versteh
Wohin ich auch geh
Ich treff auf das »Ge«

Das »Ge« als Vorsilbe gesetzt
Ändert völlig jeden Text
Jedes Wort wird ganz verdreht
Wenn davor das »Ge« besteht

Darum seht, was man erreicht
Wenn man es einfach streicht

Was du anhast, wäre Wand
Als wärest du vom Himmel Sand
Ohne Ge schreib ich hier einfach Dichte
Bleibt vom Gestern nur ein Stern
Und ein RN von einem Gern
Das bliebe eine ziemlich kurze Schichte

Deine Locken wären Welt
Ich likte alles das, was fällt
Und schuldig wären die, die standen
Die ganze Welt wär voller Fahren
Wesen wären die, die waren
Plötzlich schwirren mir die Danken

Die Chefs bezahlten uns ein Halt
Hooligans stünden auf Walt
Gangschaltungen gäbe es an Trieben
Die Wahrheit bliebe niemals heim
Und auch du wärst endlich mein
Die Sonne selbst hätte uns schienen

Kein Ärger, weil mir nie was lang
Vor der Kutsche wär ein Spann
Soldaten sähe man mit Wehren
Moses käme mit zehn Boten
Sitte wäre, was wir flogen
Alle Frauen könnten sogar Bären

Fehler würden dadurch Macht
Du hast nur noch, was du sonst hast
Der Himmel strahlte uns voll Stirnen
Fairness wär das neue Recht
Am Unterleib wäre das Schlecht
Doch schön wär sogar Lsenkirchen

Teil 2

Zwischen Aachen und Zypern

Geflüchtete

Kaum sagte ich, dass mein Text »Geflüchtete« heißt, sprang jemand aus dem Publikum auf. Sein Kopf leuchtete rot wie ein Stoppschild, als er rief:

»Geflüchtete ist Neusprech! So reden nur linksversiffte Gutmenschen, pervers-naive Grünwähler und träumerische Toleranzromantiker! Trau dich doch mal, die Dinge beim Namen zu nennen!«

Gut, dachte ich.

Der folgende Text heißt:

Abbas, Asifa, Mohammed, Aladdin,
Ali, Alima, Mustafa, Saladin,
Ari, Akilah, Iskandar, Hussein,
Alim, Alia, Suleiman, Ibrahim,
Djadi, Djamila, Basima, Kamila,
Fatih, Fatima, Namika, Kalila,
Ahmed, Ayasha, Ulima, Samira,
Issam, Ismail, Saida, Shadia,
Dakhil, Damaris, Qitura, Safiye,
Tahir, Talibe, Suleika, Ramiye,
usw.

Nanu?

Werde ich unerwartet zum Helden der rechten Szene?

Ich kann nämlich die befürchtete Islamisierung wegzaubern! Einfach so!

Aufgepasst: Der durchschnittliche Deutsche glaubte im Jahr 2017, dass 21 % der Bevölkerung unseres Landes Muslime seien – und dass es bis 2020 sogar 31 % würden (also in den nächsten drei Jahren etwa neun Millionen Muslime hierherkommen würden).

Abrakadabra: Es gibt in Deutschland derzeit etwa 5 % Muslime. Die Zahl wird steigen, davon gehen auch die Forscher aus. Bis 2020 auf etwa 6 %.

Man kann gerne über die Schätzung diskutieren, Fakt bleibt: Selbst wenn bis 2020 jeder einzelne Syrer, wirklich jeder, nach Deutschland käme, lägen wir noch weit unter den 31 %, mit denen der Durchschnittsdeutsche so rechnet ...

Das ist übrigens kein Zaubertrick, sondern Wissenschaft. Oder, wie Jesse Pinkman sagen würde: »Yeah! Science, bitch!«

Wenn wir schon mal dabei sind, hier die Antwort auf die besorgte Frage, was passiert, »wenn alle jetzt nach Deutschland kommen«.

Die Bevölkerungsdichte von Mumbai vorausgesetzt, passt tatsächlich die gesamte Weltbevölkerung auf 3/4 der Fläche von Deutschland. Es müsste nicht einmal jemand nach Bayern, Horst Seehofer und Andreas Scheuer könnten dort ganz alleine wohnen, die beiden ahnbaren Larrys.

Zugegeben, es würde in Deutschland etwas kuschelig. Es hätte aber auch einen unschlagbaren Vorteil:

Alle Konflikte auf der ganzen restlichen Welt wären automatisch beendet! Frieden im nahen Osten, keine Angst mehr vor Atomwaffen in Nordkorea oder dem Iran, kein Trump mehr in den USA!

Und wenn es doch mal ein bisschen zu eng würde, könnte man plötzlich ganz entspannt sagen: Nazis raus.

Es wäre ja egal, wohin.

»Yeah! Science, bitch!«

Und versuch nicht, mir zu beweisen, dass Geflüchtete gefährlich sind: Wenn dir jemand ein Glas hinhält mit hundert Bonbons und du weißt, dass zwei der Bonbons vergiftet sind, würdest du dann trotzdem ein Bonbon essen?

Meine Antwort:

Der kleine Fehler darin ist, dass es beim Bonbon-Vergleich ja nur um dich geht und um deine Angst, vergiftet zu werden. Du bist aber nicht der Einzige, um den es in Wirklichkeit geht. Viel zutreffender auf die Situation ist doch dieser Vergleich: Wenn hundert Menschen vor deinen Augen ertrinken und du weißt, dass einer von ihnen ein getarnter Terrorist ist, lässt du sie dann alle ertrinken?

Oder fragst du erstmal, wer von den Ertrinkenden ein IT-Spezialist ist oder schon gute Vorkenntnisse in Deutsch hat?

»Yeah! Science, bitch!«

Wie wäre es denn, wenn wir mal aufhören, uns gegenseitig anzuschreien, und stattdessen verhindern, dass der IS mit seinen Anschlägen sein Ziel erreicht: Einen Keil in unsere Gesellschaft zu treiben, um uns zu schwächen und besiegen zu können.

PEGIDA ist doch genau das ist, was der IS erreichen wollte. Der Schießbefehl der AfD ist der feuchte Traum von Abu al-Baghdadi. Und Lutz Bachmann hat unter seinem Kopfkissen vermutlich eine IS-Fahne versteckt.

Denn die neue Rechte in Europa und die islamistischen Fanatiker sind längst in einer symbiotischen Beziehung. Ihr gemeinsames Ziel: eine Mauer zwischen Muslim*innen und dem Westen, eine Festung Europa und eine Festung Islamischer Staat mit einem tiefen Burggraben dazwischen und an jeder Ecke Kameras und Maschinengewehre.

Das wollt ihr nicht. Geht raus und kuschelt mit einem Moslem!

Aus wissenschaftlichen Gründen.

»Yeah! Science, bitch!«

Einsam stach ein Samstag

Man muss die guten Stellen wissen
In tiefem Ernst und hellen Witzen
Dort, wo die Libellen sitzen
Wie die Gischt auf Wellenspitzen

Bei der Aussicht von der Klippe
Doch spar dir bitte Sonntagssprüche
Wir sind nur absonderliche
Fleischwurst im Betongerippe

Da kannst du fest auf Wasser klopfen
Wir bleiben alle blasse Tropfen

Hier im Menschen-Ozean
Angepasst in Modefarben
Gleichförmig wie Honigwaben
Ticken wir wie Chronografen

Starren mit Kalenderblicken
In den unabänderlichen
Und zutiefst verschwenderischen
Kalten Traum vom Händedrücken

Wem der Vorhang fällt

zu Edvard Griegs »Aases Tod« aus »Peer Gynt«

Klappernd im Terminkalender-Nebelmeer
Läufst du im Leben eben sehr nebenher
Trägst den Alltag als Scheuklappen
Mit geheuchelten Freundschaften als Leuchtfackeln
Schnappst nach Luft wie Koikarpfen
Die im Heute wie im Heu schlafen

Als wärst du gerade losgehetzt
Doch du großer Chef gibst dich als Hochseehecht
In deinen Geschichten ausgeschmückt
In kleinen Berichten ausgedrückt
Lackierst mit Worten seidenmattes Grau
In andres Licht, bist ganz geschickt
Löst dich in Eigenschaften auf
Und mit dir die Substanz des Glücks

Du legst auf finstere Bilder einen Instagramfilter
Sitzt im Fenster der Villa
Grinst wie Chinchilla
Draußen tobt Winter noch wilder

Du greifst zu Leonardos Neonfarben
Ampelgrün wie Bioladen
Gelb, das Leoparden als Deo tragen
Rot wie der Lebensfaden
Blau wie die Geographen
Knallbunt wie Chamäleon-Arten
Kannst du jeden Beo fragen

In erfundenen Geschichten
Bist du unverwundbar
Sprache ist dein kunterbunter Umpalumpa
Wunder Punkt und Punkt der Wunder
Sprüht der Funke, glüht der Zunder

Die Wahrheit springt durch brennende Reifen
Deine Zunge knallt wie schnellende Peitschen

Hast Euphemismen aufzuwarten
Baust ein Haus aus tausend Karten
Lautlos Lagen aufzustapeln
Pausenclown voll ausdruckstarkem
Traum von Taten wie Automaten
Brauchst du Phasen, auszuarten
Glaubst, das Sagen draufzuhaben
Flauen Magen auszuschlagen

Behängst die Worte mit Lametta
Schmückst aus und redest schön
Machst Sonnenschein aus jedem Wetter
Mehr warme Luft als jeder Fön

Du bist
Impressario eines glänzenden Spektakels
Kopf des Oktopoden im Zentrum der Tentakel
Menetekel sind dir nur Makel
Doch wie bei Windstille das Segel in die Takelage
Fällt irgendwann der Vorhang
Und dann droht dein Debakel

Es knirscht, wenn sich die Streben biegen
Dein Kartenhaus aus ewig grünen Lebenslügen
Kommt mit einem letzten Knall
Zu Fall
Dann Stille

[Einsatz der Musik]

Wenn es dich aus Bahnen wirft
Wenn man die Angst im Magen spürt
Den Faden und den Pfad verliert
Und alles nur zu Fragen führt
Der Reiter in den Graben stürzt
Wenn es schon morgens Abend wird
Weil die Mutter unerwartet stirbt
Was dann, Peer Gynt?

Dem Ende wohnt die Trauer inne
Tiefe schwarze Augenringe
Aus denen Tränentrauben rinnen
Das Schicksal schafft, dich auszuwringen
Dir die Schwere aufzubinden
Kann dich um den Glauben bringen
Je den Weg herauszufinden
Was dann, Peer Gynt?

Die Welt so krank, dass es dich kränkt
Wenn es dich von der Trasse drängt
Der nächste Wurf die Kasse sprengt
Der Faden, der die Masse lenkt
Hat dich halben Hengst längst abgehängt
Denn es stirbt dein engster Mensch
Was dann, Peer Gynt?
Was dann?

Ein schwerer dunkler Regenschauer
Am Ende einer Lebensdauer
Entzieht dir langsam jede Power
Ob nun für oder auch gegen Trauer
Wenn es eine Lücke reißt
Dich einfach von der Brücke schmeißt
Ein Wolf, der eine Mücke beißt
Wenn selbst Glück dir Tücke heißt
Was dann, Peer Gynt?
Was dann?

Ich kann dir sagen, was dann:
Dann gehst plötzlich gänzlich pleite
Dein Glück sucht in der Fremde Weite
Weil erschwindelte Unendlichkeiten
Ihm nur noch als Gefängnis reichten
Dein Schicksal, dass sich menschlich zeigte
Verliert alle Empfänglichkeiten
Auch wenn's dir unverständlich bleibt
Es war endlich Zeit, dass es dir Grenzen weist

***

Das Leben überrollt mit Rhönrädern
Den Meister unter den Schönrednern
Und der Boden ist hart
Dank deiner verlogenen Art

Jetzt liegst du in Scherben
Zu dumm, um zu sterben
Außer Nomen und Verben
Hast du nichts zu vererben
Was soll aus dir werden?
Kannst du dich neu färben?

Und du sammelst die Fetzen
Um dich neu zusammenzusetzen
Die Lippen stammeln den letzten
Halbsatz aus anderen Texten

Aus den Resten von Gestern das Morgen zu formen
Ein Spross, der entspringt aus verborgenem Korn
Mit der Farbe der Asche als ordnende Norm
Du hast die Worte verloren und besorgst sie von vorn

Du beginnst halt bei Null, neu am Fuße des Bergs
Mit dem Zwang zum Voran als der Muse des Werks
Durch das blutende Herz wird die Buße verstärkt
Doch du machst einen Schritt, du versuchst es zuerst

Und dich wundert der Schmerz
Doch du gehst weiter vom Herbst bis zum März

Alles andere als unverwundbar
Wunder Punkt und Punkt der Wunder
Sprüht der Funke, glüht der Zunder

Jetzt springst du durch brennende Reifen
Jeder Schritt knallt wie schnellende Peitschen
Doch all dieser Schmerz sendet ein Zeichen
Vielleicht wirst du es am Ende begreifen

Das alles ist Teil, ohne Leiden kein Glück
Darum halt niemals an und weich nicht zurück
Es gibt Tage, da ist es halt blöd, zu leben
Hör bitte auf damit, alles schönzureden

Am Ende belügst du dich damit nur selbst,
Peer Gynt, und wirst tragischer Held

Tschüss, Steinkohle

Tschüss, Steinkohle
Hömma
Woanders war man über den Wolken
Hier war man unter Tage
Wir sind hier ganz sicher keine Romantiker
Aber Tiefgang ham wa
Woanders griff man nach den Sternen
Wir gruben Gruben zwischen Förderturmriesen
Als wollten wir Wurzeln schlagen und Anker auswerfen
Denn wir kamen von überall her
Doch tief im Westen
Unten im Dunkel
Sind alle Kumpel
Hier gab es keine Hautfarben
Im Schacht sind alle Masken grau

Woanders verdiente man seine Brötchen mit Brötchen
Wir machten unsere Kohle mit Kohle
In den schweren Adern der Erde
Wo man um eine Wahrheit wusste
Steinkohle ist die goldene Mitte
zwischen Baum und Diamant
Millionen Jahre Leben
Verdichtet in einem Moment, der brennt
Unsere schwarzen Knochen

Oh, schöne Isabella von Fossilien
Pack deine ganzen Utensilien
Brenn wie der Ätna in Sizilien

Woanders wollte man immer die Welt erobern
Wir wollten im Inneren gegen die Kälte lodern

Tschüss, Steinkohle
In guten wie in schlechten Schächten
Schoben wir Loren aus Stollen
Aus dem Weg, Maulwurf
Lass mal die Profis ran
Glückauf, der Steiger kommt nicht mehr
Denn jetzt ist Schicht im Schacht
Mit der Hitzeschlacht bei Mitternacht
Die wird nun dichtgemacht
Wer hat an der Ruhr gedreht
Ist es wirklich schon so spät?

Tschüss, Steinkohle
Wir winken dir nicht mit einem weißen Taschentuch hinterher
Wir sind keine Romantiker
Und weiße Tücher sind eh nicht so deins
Wir verneigen uns im Stillen
Vor den Kumpels
Die Berge versetzt haben
Nicht durch Glauben, sondern durch Machen
Und die alles durchmachten
Um dich zu erreichen, Steinkohle
Wenn du mich fragst, aus dem Radio rauschend
»How deep is your love?«
– nun, ich schätze mal: Tausend

Unser Fundament ist kein Loch im Boden
Sondern ein Weg nach oben
Wo alles immer weitergeht
Im Freiraum, den ihr geschaffen habt
In dieser Hinterlassenschaft
Füllen wir Flächen mit Ideen
Fördern wir Gedanken
Unter dem Alltäglichen hervor
Dank erheblichem Humor
Kommt ein »Geht nicht« eh nicht vor

Wir schütteln uns den Staub von den Schultern
Und arbeiten weiter
In der Pause geht es in den Park
Wo früher der Hochofen stand
Auf die Wiese
Wir rufen den Maulwürfen ungefragt Tipps zu
Wer andern keine Grube gräbt
Hat nie im Ruhrgebiet gelebt
Tschüss, Steinkohle
Glückauf

Szene im Herbst

Für Vincent

Weite Blau Himmel Weite Himmel Blau Himmel Weite Blau
Weite Blau Himmel Blau Weite Himmel Blau Himmel Weite
Blau Weite Himmel Wolke Wolke Wolke Himmel Weite Blau
Wolke Weiß Schwer Grau Weiß Wolke Grau Schwer Wolke
Wolke Spitze Ast Wolke Weiß Ast Wolke Grau Schwer Weiß
Wolke Ast Blätter Rinde Wolke Ast Blätter Wolke Weiß Grau
Ast Blätter Rinde Holz Blätter Wolke Ast Rinde Blätter Holz
Rinde Blätter Ast Holz Stamm Ast Rinde Holz Blätter Rinde
Blätter Holz Ast Holz Stamm Stamm Ast Blätter Eichhörnchen
Wolke Weiß Schwer Stamm Stamm Grau Wolke Weiß Schwer
Weiß Wolke Grau Stamm Stamm Weiß Schwer Grau Wolke
Horizont Kante Stamm Stamm Land Kante Erde Horizont
Acker Erde Stamm Stamm Braun Erde Acker Erde Braun
Erde Wurzel Wurzel Wurzel Erde Acker Braun Acker Hund

Brandungslücken

Wo die Miesmuscheln im Kies kuscheln
Im rauen Rauschen vom Meerestief tuscheln
Hört man sie nie nuscheln
Wo unser Band sank
In der Sandbank
Wo es stattfand
Dass ich im Watt stand
Lies mir von den Lippen
Kipp nicht von den Klippen
Klapp nicht von den Stühlen
Klopp dich mit Gefühlen
Lös dich von den Lappen
Lies mir von den Lippen

Spür ich deine Küsse
Spül mich an die Küste
Spiel mich in die Kiste
Spring mir in die Kissen
Spar nicht an den Kassen
Spanisch ist im Kasten

La playa – der Strand
Ein Player aus Sand

Zwei menschengroße Brandungslücken
Tragen uns wie Landungsbrücken
So wird dieser Tanz uns glücken
In ganzen Stücken anzurücken

Spürst du die Körner handwarmer Sanduhren
Die Körper auf Standspuren zum Stadtrandstrand fuhren

Die Reibung der Gleichung
Das Knirschen im Quarz

Das Schmirgeln der Körner
In den Fahrbahnrillen der Körper

Ich fürchte, Chérie
Der Sand ist im Arsch

Abends ziehen

Manchmal ziehe ich abends
Nach Einsinken der Dunkelheit
Wahllos Gassen entlang
Von den Füßen getragen und vielleicht noch mehr
Tue ich so, als hätte ich etwas verloren
Auf dem Weg hierher
Ginge zurück
Auf der Suche danach
Als ob es nicht weg wäre
Die Wolken von hinten beschienen vom Mond
Eine Haut aus Licht
Unbestimmbare Umrisse

Manchmal ziehe ich abends
Nach Einsinken der Dunkelheit
Die roten Treppen hinab
Nur um ihr Holz knurren zu hören
Wie den Magen einer alten Katze
Ich spiele mir mich selbst vor
Als wüsste ich nicht, was passiert ist
Auf dem Weg hierher

Am Haus gegenüber hat jemand eine kleine Fahne gehisst
Sie klirrt nicht einmal im Wind
Wenn man zu viele Gedichte liest
Misstraut man jeder Wahrheit
Der es an Lyrik mangelt
Singen die Laternen
Schweigen die Sirenen
Klare Kanten

Manchmal ziehe ich abends
Nach Einsinken der Dunkelheit
Meine Gedanken in die Länge
Als bräuchte es Seiltänzer
Um an der Uhr zu drehen
Bis ihr Gesicht nach oben zeigt
Unter dem Glas drehen sich die Zeiger
Ihr Ticken ist entzaubertes Rascheln
Wo sind eigentlich alle?

Unsere Worte

(Ein Gedicht aus den hundert am häufigsten verwendeten Worten der deutschen Sprache – in der Reihenfolge ihrer Häufigkeit)

Die
Der
Und in zu den
Das nicht von sie
Ist des sich mit dem
Dass er es ein
Ich auf so eine auch
Als an nach wie im
Für man
Aber aus
Durch wenn nur war
Noch werden bei

Hat wir, was wird sein
Einen, welche sind
Oder zur um haben
Einer mir
Über ihm
Diese Einem, ihr uns
Da zum
Kann doch vor

Dieser mich
Ihn du
Hatte seine mehr am denn nun unter
Sehr selbst
Schon hier
Bis
Habe ihre dann
Ihnen, seiner

Alle wieder meine Zeit
Gegen vom ganz Einzelnen
Wo muss
Ohne Eines
Können sei

Es grünt so grün

»Erwartet euch nicht zu viel vom Weltuntergang.«
(Stanislav Lec)

Großstadtfrühling, sag es lyrisch:
Alles grünt und grüner wird's nicht
Aber stimmt das letztlich wirklich?
Ist nicht aller Wandel irdisch?

Lasst uns diesen Tag bedenken
Tief unter den Brachgeländen
Knackt es in den Stahlgelenken
Will neue Signale senden

Unter grauen Hausfassaden
Schwaden schwarzer Rauchkaskaden
Traut sich was, im Staub zu graben
Aus Balladen raufzutragen

Unter Decken aus Asphalt
Samenkorn voll Urgewalt
Mächtige Naturgestalt
Reckt sich und entdeckt den Spalt

Lebt unter den hohen Schloten
Wird von hoffnungsfrohen Boten
Losgehoben, hochgeschoben
Sucht seine Belohnung oben

Will dem grünen Frieden dienen
Wo die Industrieruinen
Schief im Schiefer liegenblieben
Hat ihnen ein Lied geschrieben

Traum aus unerhörten Hirnen
Türmt bis zu den Fördertürmen
Durch die Tür empörter Firmen
Viren, die in Körper stürmen

Die den Schrott bei Massen stoppen
Grüner Gott zeigt, was versprochen
Aus dem Kopfsteinpflaster schossen
Unverhofft zwei krasse Sprossen

Schieben die ergrünten Spitzen
Über denen Blüten sitzen
Aus den unverblümten Schlitzen
Trüber betonierter Ritzen

Sprössling rankt aus blanker Erde
Sprengt Asphalt als Panzers Erbe
Tankt als Punk das dankenswerte
Licht, als ob hier Sandstrand wäre

Greift hinauf wie Kinderhände
Bricht Beton mit wilder Strenge
Dringt durch Enge blinder Zwänge
Schwillt wie Klänge, bildet Stämme

Wurzelt tief im Traumgewinde
Fällt dann schließlich Augenbinde
Grauer Großstadtraum verschwinde
Hinter eines Baumes Rinde

Grün beginnt jetzt, loszuhechten
An den Wänden Moos und Flechten
Die uns die Büros zersetzen
Bis zu letzten groben Resten

Gräser, die auf hyperschnellen
Füßen sich auf Züge stellen
Schienen auf den müden Schwellen
Scheinen nun auf grünen Wellen

Auch wenn sich ein jeder sträubt
Wenn sich grünes Streben häuft
Stirbt die Menschheit tränenfeucht
Weil im Wald kein WLAN läuft

Pflanzenwelt füllt leeren Raum
Wach aus einem schweren Traum
Ginsterbusch und Beerenbaum
Hindert kein geteerter Zaun

Nirgends kämen Grenzen her
Nichts, worum zu kämpfen wär
Alle Pflanzen denken: Yeah!
Endlich keine Menschen mehr

Schweigend liegt das Hinterland
Stille geht auf Stimmenfang
Chloroplasten sind uns dann
Zoroaster, Yin und Yang

Häuser sinken gleich Gewichten
Schwinden, wo sich Büsche schichten
Blickdicht Dickicht Licht vernichten
Schließlich schlicht auf Sicht verzichten

Wiesen auf der Fahrbahnspur
Pflanzen wachsen mit Bravour
Tanzend sagt dann alles nur:
»Hallo, i bims, die Natur!«

Grünes Meer, wir sehen, bald
Bleiben erst die Sägen kalt
Eben halt den Regenwald
In dem sich neues Leben ballt

Um sich greift, wie Feuer brennt
Nicht, wie man es heute kennt
Das Leben bildet neue Trends
Ein Schmetterling, der Beute fängt

Ein Pinguin in Leuchte-Hemd
Ein Fuchs, an dem ein Euter hängt
Ein Haifisch, der nur Kräuter schlemmt
Kaninchen, das die Treue kennt

Ein Pudel, der sich freudig kämmt
Laserhuhn und Eulengangs
Ein Federaffe träumt gern, wenn
Er in Schneckenhäusern pennt

Niemand, der das Zeug erkennt
Alles ungeheuer fremd
Nichts, dass frische Freude hemmt
Doch dort! Ach Mist! Ein neuer Mensch

So geht es halt auf diesem Pfad
Weil alles geht und wieder naht
Wie an einem Riesenrad
Wir bedenken diesen Tag

Neuer Mensch, alte Interessen
Hat er leider nicht vergessen
Beginnt die Welt schon zu vermessen
Gibt allem Namen und Adressen

Boss markieren geht am besten
Dadurch, alle hier zu stressen
Der neue Mensch wird unterdessen
Zum Glück vom Schmetterling gefressen

Reisig

Die Musik deiner Schritte
Auf dem Asphalt meiner Mitte
Die Schwärme der Flügel der Blicke

Die Krone der Bäume
In den Fenstern der Räume
Deine Augen sind mir eine Bitte

Es sind Honig und Mandeln
Die das Wandeln verwandeln
Es sind Brücken aus purem Moment

Atmende Formen
Von jetzt und von vorne
Das Reisig der Möglichkeit brennt

Spiegelkörper

Vor den Stahlfassaden und Glasfassaden
Spiegelkörper vieler Wörter
Aus Leuchtstoffröhren
Kann ich euch noch hören
Stehe auf dem Fenstersims der Augenhöhle
Blicke wie Stege, sichere Wege
In die salzige Flut
Bier hallt sich noch Wut
Gespaltenes Blut
Hier halte ich mich
An elektronischen Muskeln
Unter ironischen Krusten
Des Unbewussten
Streichhölzer als Uhrzeiger
Auf dem rauen Ziffernblatt
Von den Chiffren matt
Der Mittenstadt im Lichterbad
Meine Knochenfrisur
Durch die der Wind deiner Finger weht
Wo du deine Ampeln und Laternen in den Himmel streckst
Als zeigtest du hell auf alles, das dahintersteckt

Dein Schweigen so laut
Dass es eigentlich auch die Kinder weckt
Die mit Staubflocken spielen
Offen zielen auf die offiziellen
Sollbruchstellen
Doch im Herbst sind alle Kinder zu Kirschen geworden
Sie wurden von Vögeln geholt
Bevor wir sie von den Bäumen schütteln konnten
Ich stehe alleine
Vor den Stahlfassaden und Glasfassaden
Die mir mein Herz im Maßstab malen
Spiegelkörper vieler Wörter
Ich siebe Körner aus dem Sandstand
Im Anfang und Nachklang
Der Leuchtstoffröhren
Kann ich euch noch hören
Zeugen, die dem Zeug gehören
Und den verstreuten Perlen
Auf dem Fenstersims der Augenhöhle
Der mir die Grenzen nimmt, aufgehörte
Taubbetörte brautbeschwörte Glaubensleere
Hier halte ich mich
Brennend beruhigt
In deinen Armen
Um nie zu verenden

Autokorrektur

Autokokkertur
Autokorrketur
Auttukorrektu
Auttukorrukku
Auattukorrecku
Auattuakorrecku
Auattuakuarrecku
Auattuaukaurrauck
Auaauakauarauak
Auakauarauak
Aukauarauk
Aukaurauch
Aukarauch
Akarauch
Akrauch
Akarach
Akrach
Krach
KRACH

Monster unterm Bett

Ja klar, sagen sie
Superhelden sind die Coolsten
Superman kann Autos hochheben
Spiderman kann sich vom Hochhaus abseilen
Batman kann im Batmobil Knöpfe drücken
Iron Man kann fliegen
Und immer liegen ihre Haare gut dabei
Da kann man schon mal an den eigenen Kräften zweifeln
Was können schon alleinerziehende Mütter und Väter?

Nun
Sie können komplett ohne Schlaf auskommen
Sie können Monster unter dem Kinderbett besiegen
Sie können stundenlang angeschrien werden, ohne die
Nerven zu verlieren
Sie können Schönheit finden in einem Kind, das richtig
schlecht Oboe spielt, während ihm die Nase läuft
Sie kennen alle 750 Pokémon beim Namen, auch, wenn
sie den eigenen manchmal vergessen
Sie können mit einer Hand Windeln wechseln, mit der
anderen Integralrechnung erklären

Sie können aus einem brüllenden neugeborenen Etwas
einen mündigen Bürger zaubern
Sie können aus einem brüllenden pubertierenden Etwas
einen mündigen Bürger zaubern
Sie können komplett ohne Zeit auskommen
Sie können fünf Stunden lang bei
Musikschulvorführungen dasselbe Stück wieder und
wieder hören, von Dutzenden völlig talentfreien
Kindern gespielt, nur um am Ende für zwei Minuten
dem eigenen völlig talentfreien Kind zuzujubeln
Sie können aushalten, jemandem fünfzehn Jahre lang alles
zu opfern, der sie dann inbrünstig hasst, weil sie ihm
das neue Moneyboy-Album nicht kaufen
Sie können im Alleingang einen Betrieb leiten, dessen
Mitwirkende sich Legosteine in die Nasenlöcher
stecken, um nicht beim Aufräumen helfen zu müssen
Sie können komplett ohne Essen auskommen
Sie verstehen die Sprache der Teddybären
Sie können aber auch wie Superman Autos hochheben,
denn sie haben für alle Fälle immer einen Wagenheber
in der Handtasche
Sie können sich wie Spiderman von einem Hochhaus
abseilen, denn sie haben immer Seil dabei und kennen
alle Knoten aus dem Was-ist-Was-Buch
Sie können wie Ironman fliegen und sammeln dabei sogar
Meilen
Sie können wie Batman im Batmobil Knöpfe drücken,
denn das kann jeder
Sie können die Monster unter ihrem eigenen Bett
besiegen

Was können schon alleinerziehende Eltern?
Das, was alle Superhelden können
Und mehr

Im Bleiben

Im Bleiben
Liegt das Salz
Der Zeit
Auf der Zunge
Einer Katze

Ihr Schnurren
Der Motor
Einer müden Heimfahrt
Den Kopf
Ans Fenster gelehnt

Das Glas
Nur harte Luft
Zwischen dem Dahinter
Verrinnt
Das Bleiben

Teil 3

Zwischen Aas und Zyankali

Schwierige Tage

»Ich habe mich früher viel aufgeregt und generell einen Hals auf die Welt gehabt. Es hat mich einfach alles angekotzt. Das Wetter, das System, meine Nachbarin und besonders Goldhamster. Gott, was habe ich Goldhamster gehasst. Ich wünschte mir, ich könnte sie, ihre Knopfaugen und ihre bescheuerten Backentaschen alle in einen Mixer werfen und zu Pamp verquirlen. NA? WER IST JETZT NOCH GOLDEN, ihr gestriegelten Ratten, ihr haarigen Kinderzimmerwürstchen, ihr Laufradmaulwürfe!«, sagte ich.

Ein gutes Gesprächsthema für ein erstes Date zu finden, war noch nie meine Stärke.

Mia schien dennoch beeindruckt, immerhin sah sie mich mit weit aufgerissenen Augen an.

Ich hatte von Frauen gehört, die auf wütende Männer standen und diese rohe ungefilterte Natur bewunderten. Frauen, die sich für Wutbürger begeisterten. Die jeden Montag in Dresden am Straßenrand standen und den vom Hass schon ganz knittrig gewordenen Gesichtern der PEGIDA-Demonstranten zujubelten oder sie gar mit Unterwäsche und Blumen bewarfen. Hass-Groupies. Houpies.

So sehr ich es genoss, bewundert zu werden, musste ich doch ehrlich zu Mia sein, also sagte ich: »Mittlerweile bin ich ganz anders. Ich habe mich vom Hass und allen negativen Gefühlen abgewandt und lebe ein Leben so sanft und friedlich wie ein warmer Frühlingswind.«

Mias Gesichtsausdruck entspannte sich. Offenbar begann ich, sie zu langweilen.

Glücklicherweise kam in dem Moment ein Kellner mit den Speisenkarten an unseren Tisch. Er war in einen eleganten schwarzen Anzug gekleidet und stellte sich als Giuseppe vor.

»Danke«, sagte Mia leise, aber deutlich, als Giuseppe ihr das Menu reichte.

Dann drehte er sich zu mir und schlug mir die Speisekarte mit Wucht in Gesicht.

Ich war völlig überrumpelt und bevor ich reagieren konnte, ergriff Giuseppe das Wort.

»Entschuldigung, mein Herr, das tut mir wahnsinnig leid. Ein Reflex. Sie hatten eine Fliege auf der Stirn. Das hätte nicht passieren dürfen. Ich bin untröstlich.«

»Keine Sorge, mein Sohn«, sagte ich, auch wenn Giuseppe locker doppelt so alt war wie ich. Seine Aufregung verriet seine innere Jugend.

»Ich bin nicht böse. Fehler können jedem passieren. Danke für die Speisekarten.«

Giuseppe schien über meine Reaktion überrascht, nickte wortlos und eilte hinfort Richtung Küche.

»Das gibt es ja gar nicht! Du bist wirklich nicht sauer auf den Typen?«, fragte Mia.

»Einen Groll zu hegen, bedeutet, jemanden, den du nicht magst, mietfrei in deinem Kopf leben zu lassen«, sagte ich.

Mia sah mich nachdenklich an und nickte.

Giuseppe kam erneut zum Tisch, mit zwei Gläsern Sekt in den Händen.

»Eine kleine Aufmerksamkeit des Hauses«, rief er uns entgegen und versuchte sich an einem Lächeln.

Doch dann stolperte er und schüttete mir eines der Gläser gerade ins Gesicht.

Blitzartig wollte er mir mit dem Ärmel das Gesicht trocken, vergaß dabei aber, dass er in der anderen Hand auch noch ein Sektglas hielt. Dieses schüttete er mir also glatt in den Schoß.

Giuseppe zitterte vor Aufregung, als er mich nun ansah.

»Ganz ruhig, junger Freund. Es ist nicht Ihr Tag, oder?« fragte ich.

Er wagte keine Reaktion.

»Schwierige Tage kenne ich zur Genüge«, zwinkerte ich ihm zu, »bringen Sie uns doch einfach ein Handtuch und einen neuen Sekt.«

Während Giuseppe sich zögernd Richtung Küche bewegte, fragte mich Mia, ob wirklich alles in Ordnung sei.

»Klar«, entgegnete ich, »ich spüre keine Wut. Denn sich über jemanden zu ärgern, bedeutet, dass man selbst Gift trinkt und hofft, dass der andere stirbt.«

»Woher weißt du denn so viel über Wut?«

Ich antwortete wahrheitsgemäß: »Aus einem Katzenkalender.«

Mia war verblüfft.

»Dein Anti-Aggressionstraining war ein Katzenkalender?«

»Es war ein sehr guter Katzenkalender«, nickte ich, »teilweise mit ganz süßen Katzenwelpen.«

Ihre Verwirrung schien nicht zu weichen. Stattdessen warf sie einen Blick in Richtung Küche.

»Also, ich find das schon ziemlich scheiße, wie der Typ hier sich benimmt. Und beim letzten Mal hat er sich nicht mal mehr entschuldigt.«

Ich spürte, dass ich Mia irgendwie beruhigen musste, also sagte ich intuitiv: »Miau!«

Als sich Mia mir zuwandte, war ihre Stirn in grimmige Falten gezogen. Ich musste einen Schritt weitergehen. Also miaute ich erneut und leckte dazu an meinem Handrücken.

Bevor Mia etwas sagen konnte, kam erneut Giuseppe an den Tisch. Fast.

Kurz davor stolperte er erneut und flog in meine Richtung, wobei er das mitgebrachte Handtuch hochriss. Die Wucht seines Körpers stieß mich vom Stuhl und ich ging unsanft zu Boden. Guiseppe landete auf mir und sagte: »Uff.«

»Na, da sucht aber jemand Nähe heute«, lächelte ich sanft wie ein Sonnenaufgang.

In dem Moment begann Mia, zu schreien.

»Das ist doch wohl nicht euer Ernst hier? Der eine ist zu blöd, einen Fuß vor den anderen zu setzen, und der andere macht hier auf Aushilfsjesus und hält eine Backe nach der anderen hin. Wie wird man so bescheuert? Habt ihr zu nah am Atomkraftwerk geparkt, oder was? Habt ihr überhaupt was in der Birne? Ist euer Kopf nur eine fleischwurstfarbene Seifenblase mit Gesicht? Ihr gestriegelten Ratten, ihr haarigen Kinderzimmerwürstchen, ihr Laufradmaulwürfe!«

Dann drehte sie sich um und ging weg.

»Sie machte mir einen unausgeglichenen Eindruck«, sagte Giuseppe, der immer noch auf meinem Bauch lag.

»Ja«, nickte ich. »Aber wir haben ja immer noch uns.«

Ich beugte mich vor, um ihn zu küssen. Mit Zunge.

Giuseppe verfehlte meinen Mund nur knapp und leckte stattdessen eine Weile an meinem Auge.

In dem Moment kam Mia wieder rein, da sie ihre Handtasche vergessen hatte.

Ich winkte ihr sehr freundlich zu.

Leider habe ich trotzdem nie wieder was von ihr gehört.

Und das ärgert mich jetzt schon ein bisschen.

Ironiemals

Wenn einer beim Rasen über Rasen
Aufs Feld fällt
Weißt du, wie se die Wiese dann nennen?
Aue

Homunkulus

(Der Springer-Verlag hatte mich um ein Gedicht gebeten. Ich hab ihnen mal das Folgende geschickt. Sie haben das dann so abgedruckt. Übersehen haben sie dabei, dass ich in den Anfangsbuchstaben ein Zitat eines meiner Vorbilder untergebracht habe.)

Das Innere eines Befindens
In Lagen dargestellter Zwirn
Eines inhalierten Traumes
Uns nährendes Gehirn

In seiner tiefen Ebene
Ist nichts ohne Rahmen
Gehirn, allwissend, nenne Dich
Einen rechtmäßigen Namen

Ich Esel denke eben
Reichlich töricht Reime aus
Chef Hirngewebe treibt mich
An x-beliebtem geradeaus

Organ, lass deine Tricks

Anglizismen against the Menschheit

Sprache der Werbung – Sprache der Lyrik

1.

Wir lebten in Städten aus Ecken und Kanten
Zwischen netten Bekannten und ätzenden Tanten
Gehetzten Verwandten und letzten Bewandten
Relaxten und tanzten, wo wir uns setzten und standen

Wir lebten in grauem Asphalt und uralten Backsteinbauten
Zwischen blassweißblauen Tauben, die ans Abseits glaubten
Und nickten, als ob sie laufend in den Bass eintauchten

Zwischen Schafen mit Wunden und schlafenden Hunden
Und all unsere Häuser waren mit Straßen verbunden
Und all unsere Häuser waren aus Wänden gemacht
Da haben wir uns am Ende der Nacht beim Denken gedacht

Das alles sind Flächen wie weiße Papiere
Warum darauf nicht etwas Nices passiere
So lernten wir, die leeren Plätze wertzuschätzen
Und füllten sie mit hergesetzten Werbetexten

Voll sehr relaxtem Anglizismus
Leading us in Versuchung like the Antichristus
Werbung ist omnipräsenter als Vandalismus
An jeder Freifläche gilt: Alles kann, nichts muss

Denn nur, wenn wir überall Werbetexte lesen
Wird sich das Customer-Awareness-Level raisen

So haben wir Vokabeln zu Buchstabenstapeln verwoben
Gezogen, verbogen und zu Slogans erhoben
Die Wortwissenschaft auf die Formel gebracht
»Was kein Umsatzplus bringt, wird von vorne gemacht!«

Wir lieben McDonald's, weil Technik begeistert
Wer das nicht versteht
Kriegt auch den Rest nicht gemeistert
Denn wer Claims formuliert, der weiß: Nichts ist unmöglich
Solang es reizvoller klingt als: Rauchen ist tödlich

Und man wirbt und man wirkt und es wird und es wird
Zelebriert, man erwirbt, was der Claim suggeriert

Und plötzlich klang
die Nationalhymne so:

Wir spinnen den Content
bis zum Influencer Marketing
Wir branden die Customer Journey
zum Device Ad Targeting

Machen Hashtag Heatmaps
denn wir kennen alle Tricks
Von Google Analytics
bis hin zu Cost-per-Clicks
Ob ihr wirklich richtig steht
seht ihr an der Engagement Rate
Damit ihr wisst, was geht
durch Business-Mentalität
Der Mensch ist ein Social Bot
und crowdsourced sich Tutorials
Lässt im Shitstorm Drachen steigen
und liest gern Advertorials
Wir raisen die Awareness
unserer Corporate Identity
Durch Unique Content Usability
und Visibility der Credibility
Wir knuspern die Cookies
und viewen die Views
Zwischen WhatsApp, Snapchat
und den Ads in den News

Da gab es nicht viel zu beschönigen
Denn die Werbung war unsere Königin
Nur fiel es uns schwer, sie genau zu verstehen
Die Sprache der Werbung ist grausam und schön

2.

Wir leben in Städten aus Wiesen und Wegen
Zwischen diesem und jenem und diesigen Nebeln
Wo wir liegen und stehen und lieben und streben
Zwischen riesigen Plänen aus hiesigen Themen

Wo wir uns gern entfremden von leeren Händen
Und sehr gekämmten Pergamenten
Weil wir glatte Schneeflächen nur schwerlich ertragen
Laufen wir Spuren in den herrlichen Abend

Träumen wir Spuren in sämtliche Wolken
Obwohl sie doch nur ins Unendliche wollten

Schreiben wir Verse auf Bierdeckelkanten
Da wir grade keine Papierzettel fanden
Schmiedeten Sätze natürlicher Schrift
Schrieben wir Texte als lyrisches Ich

Den Reimen geneigt und den Versen verfallen
Mit Nomen, die toben, und Verben, die knallen

So wurden wir Dichter, die Wörter zur Kunst
Erörterten uns unsre Körper im Dunst
Zur Gehörförderung und das Sprechen erblühte
So schnell, dass es uns auf der Strecke verglühte

Und plötzlich klang
die Nationalhymne so:

Am besten beim Basteln des Reims nicht verhaspeln,
Süßhölzer raspeln zum Platzen der Kapseln
Die Knospen verkosten zum kosmischen Knacksen
Aus dem beim Erwachen Gewächse erwachsen
Verwechseln die Sachen wie Äxte und Achsen
Obwohl wir bedachten, nur Echte zu achten
Um Finger zu wickeln, die fing an, zu wackeln
Die Kerzen zu kürzen und nicht lang zu fackeln
Durch Frickeln mit Mitteln Fakten schaffen ohne Faxen
Playlisten shufflen, Hufflepuffs Wappen als Waffen
Wachsames Wippeln in Wipfeln und Zipfeln
Achtfaches Gipfeln im Wissen ums Kippeln
An Klippen und Klappen, die klacken beim Klicken
Ist alles im Kasten, was kosten die Kisten
Beim Lüften der Kissen mit Lippen nicht lispeln
Wollen wir wichteln, nach dem Willen der Wachteln?
Ein passendes Prasseln von Assen und Asseln
Wir achten Siebe und sieben Achtel
Handeln mit Hanteln und schinden die Schindeln
Binden ein Bündel aus Findelkind-Gründen
Finden die Mündel beim sündigen Schmachten
Und kicherndem Krachen im Rachen der Kacheln
Am besten beim Basteln des Reims nicht verhaspeln

Da gibt es nicht viel zu beschönigen
Denn die Lyrik war unsere Königin
Nur fiel es uns schwer, sie genau zu verstehen
Die Sprache der Lyrik ist grausam und schön

3.

Wir leben in Städten aus lebenden Texten
Ergeben den Sätzen gleich schwebenden Äxten
Verdrehen, verhexen, Erhebendes schätzen
Wir reden von Jetzt bis zum ewigen Letzten

In pfützflachen Floskeln aus Stammtischparolen
Den nützlichen Knospen der Ansichtsgladiolen
In fordernden Slogans der Claims, die bewerben
Im Vorne und Oben Problemfrei zu werden

In typischen Sprüchen auf Motorraketen
Und auch noch auf lyrischen Fototapeten

Die Sprache gleicht Wasser in all den Gefäßen
Nähme jegliche die Form an, die sie nur besäßen
Zwischen den Zeilen und zwischen den Menschen
Wir mischen den Style und verwischen die Grenzen

Beim Versuch, zu verstehen, werden wir tragikomisch
Unser Sprachengewirr wird zuletzt babylonisch

Die Lyrik in Zeiten der mächtigen Hashtags
Der Werbende über dem Nebelmeer
Sell-Out-Metaphern und Epic-Fail-Trashbags
Der sterbende Schwan im Datenverkehr
Sein oder nicht sein? LOL!
Bis keiner mehr weiß, was das soll

Da ist dann am Ende kein Wort zu verstehen
Ohne entsprechendes Ortungssystem

Drum achtet auf Sprache, dass ihr euch erreicht
Bevor die Bedeutung dem Mutmaßen weicht
Und alles verschwimmt, das passiert viel zu häufig
Drum sagt, was ihr denkt, und sagt es ganz deutlich

Da gibt es nicht viel zu beschönigen
Denn die Sprache ist unsere Königin
Und gelingt es uns einst, dass wir uns verstehen
Ich glaube, das wär für uns grausam und schön

P. S.:
Zur Ausnahme seien Werber und Dichter erkoren
Sprecht, wie ihr wollt, ihr seid eh schon verloren

Paak und Lukrez

Paak:	Entschuldigung?
Lukrez:	Ja, bitte?
Paak:	Sie stehen hier mitten in der Wüste vor einem einzelnen Tischtennisball.
Lukrez:	Das ist keine Wüste.
Paak:	Nicht?
Lukrez:	Nein, ich hab nur sehr viel Sand im Bett.
Paak:	Wie bitte?
Lukrez:	Ein Witz.
Paak:	Aha.
Lukrez:	Es ist doch die Wüste.
Paak:	Und das da vor Ihren Füßen ist ein Tischtennisball? Und Sie stehen hier so?
Lukrez:	Jepp.
Paak:	Kann ich mich dazustellen?
Lukrez:	Aber klar, warum nicht.
Paak:	Ja, danke. Ähm. Schöner Ball.
Lukrez:	Für manche ist es ein einfacher Ball, für mich ist es das kleinste Bällebad der Welt.
Paak:	Sehr tiefsinnig.
Lukrez:	Vielen Dank. Darf ich mich vorstellen?

	Mein Name ist Lukrez und ich bin Bundestagsabgeordneter, aber mein Hobby ist politische Satire.
Paak:	Oh, wie fein! Mein Name ist Paak und ich bin Satirikerin von Beruf, aber mein Hobby ist die Politik.
Lukrez:	Sagten Sie »Satirikerin«? Wie mir Ihr zünftiger Vollbart suggeriert, sind Sie doch eher ein Mann, oder?
Paak:	Ach so, das. Da habe ich mich eben wohl selbst gegendert. Als kleiner Seitenhieb auf die aktuelle Genderdebatte.
Lukrez:	Na, na, mein lieber Paak, den professionellen Satiriker merkt man Ihnen aber an.
Paak:	Vielleicht bin ich aber auch eine Satirikerin und mein Bart ist nur ironisch.
Lukrez:	Sehr tiefsinnig.
Paak:	Ja.
Lukrez:	Ja, ja.
Paak:	Schöner Ball.
Lukrez:	Für manche ist es nur ein Ball, für mich ist es das größte Sandkorn in dieser ganzen Wüste.
Paak:	Sie stehen schon lange in der prallen Sonne, oder?
Lukrez:	Mag sein. Aber mal was ganz anderes: Haben Sie eigentlich auch schon mal zwischen Hobby und Beruf Ihren Text verwechselt?
Paak:	Haha, aber natürlich. Erst vor Kurzem hab ich bei einer Kabarettshow aus Versehen

eine 90-minütige Rede gehalten zu den Möglichkeiten der Querfinanzierung straßenbaulicher Maßnahmen durch Preiserhöhungen im öffentlichen Nahverkehr. Die war eigentlich für eine Gemeinderatssitzung am nächsten Morgen gedacht.

Lukrez: Und?

Paak: Die Leute haben sich kaputtgelacht. Besonders über das Wort »Öffentlicher Nahverkehr«.

Lukrez: Das klingt ja auch verdächtig nach Sex in der Fußgängerzone.

Paak: Und wie ist es bei Ihnen?

Lukrez: Ich mach es auch gerne draußen, denn zuhause habe ich sehr viel Sand im Bett.

Paak: Wie bitte?

Lukrez: Das knirscht.

Paak: Das meinte ich gar nicht. Ich wollte wissen, ob Sie auch schon mal zwischen Beruf und Hobby Ihren Text verwechselt haben?

Lukrez: Ach so. Na klar! Erst neulich haben wir im Bundestag ein Gesetz zur Abstimmung gebracht zum zulässigen Krümmungsgrad von buckligen Glöcknern. Dass das eigentlich ein Gag für mein neues Soloprogramm werden sollte, habe ich erst gemerkt, als das Gesetz schon lange verabschiedet war.

Paak: Und jetzt?

Lukrez: Jetzt habe ich Rückenschmerzen.

Paak: Mein lieber Lukrez, den Hobby-Satiriker merkt man Ihnen aber an.

Lukrez:	Sie nennen mich den Böhmermann des Bandscheibenvorfalls.
Paak:	Nein.
Lukrez:	Wie bitte?
Paak:	Ja, schöne Wüste hier.
Lukrez:	Ich sag ja immer: Lieber ne schöne Wüste als ne wüste Schöne.
Paak:	Lol 3.000.
Lukrez:	Ende.
Paak:	Stimmt.

Es ist dumm

Es ist dumm, sich über Gewichte zu beschweren
Es ist dumm, sich nach Gerichten zu verzehren
Die Leere zu vernichten und die Nichten zu belehren
Das ist lustig, denn es ist nicht lustig, alle Witze zu erklären

Es ist dumm, als Sieb das Sieben zu verachten
Es ist dumm, eine Birne als Rübe zu betrachten
Einen Schacht zu verschieben und eine Schiebung zu schachteln
Das ist lustig, wie alle, die schliefen, zu überwachen

Es ist dumm, wenn Entzündungen noch Wunder werden
Es ist dumm, wenn Maulwürfe ihren Mund wegwerfen
Märkte zu gründen, ohne einen Grund zu merken
Das ist lustig, wie Wölfe, die einen Hund verstärken

Es ist dumm, wenn Kühe den Käse verwursten
Es ist dumm, als Zucchini durchs Leben zu gurken
Nach Spuren zu streben und durch Streben zu spurten
Das ist lustig wie überhebliche Hebefiguren

Klasse Treffen

Abi 98. Das bin ich.

Abi 98.

Ein Erfolgsmodell wie Windows 95.

Unser Abi-Motto war »AbiTui – das haben wir uns verdient«. Schon daran bemerkt man unsere damals überbordende Kreativität. Nur knapp entgangen sind wir vermutlich »AbiTurnbeutel – das kann man vergessen« und »Abiturkmenistan – keine Ahnung, wo das liegt«.

1998 gab es noch kein Zentralabitur. Zu der Zeit gab es nicht mal eine Zentrale. Das Bildungsministerium des Landes NRW bestand damals aus einer aufgerollten Ausgabe des Magazins »Stern«, das wahllos in einem Düsseldorfer Stadtrandpark herumlag.

Ich ging in Xanten zum Gymnasium, so wie Siegfried und Roy von den Nebellungen. Zumindest, wenn ich meinen Geschichtslehrer richtig verstanden habe. Satz mit X – war wohl Xanten.

Am Stiftsgymnasium ging es zu, wie es an allen Kleinstadtgymnasien so zugeht: 98 % des Kollegiums waren dorthin strafversetzt worden, weil sie an richtigen Schulen Chemielaboratorien zur Explosion gebracht hatten, dauernd bekifft zum Unterricht erschienen waren oder Englisch mit britischem Akzent unterrichtet hatten. Ich kann das so locker erzählen, denn diese Dinge sind verjährt und keine*r der betroffenen Lehrer*innen unterrichtet noch. Denn sie sind tot.

Dass es kein Zentralabitur gab, bedeutete, dass uns dieser wilde Haufen selbst die Abi-Aufgaben stellen konnte. So hatten wir wenigstens eine Chance. Denn im Mathe-Leistungskurs beispielsweise haben wir uns bis zwei Wochen vor der Prüfung lediglich im Zahlenraum zwischen 1 und 20 bewegt und kleinere Subtraktionen ohne Zehnerüberschreitung brachten mir bereits den kalten Schweiß auf die Stirn. Hätte jemand Worte wie »Stochastik«, »Algorithmus« oder »Integralrechnung« gesagt, hätte ich die Reihe so vervollständigt: »Algolastizitismus« und »Schnarfofatzik«.

Doch zum Glück sagte das niemand. Und in der Abiprüfung reichte es dann, aus geringer Entfernung einen glatten Kieselstein gegen die Flanke einer ausgewachsenen Milchkuh zu werfen. Ich habe damals nicht getroffen und so leider nur eine 1– gekriegt.

Abi 98.

Vor einigen Monaten erreichte mich eine Einladung zum Klassentreffen zum 20-jährigen Jubiläum in der neuen Mensa des Gymnasiums. Ich war überrascht.

»1998 ist doch erst 11 Jahre her«, rief ich.

Doch dann kam eine Milchkuh mit einem blauen Fleck an der Flanke in mein Büro und reichte mir einen Taschenrechner. Mit dessen Hilfe stellte ich binnen weniger als einer halben Stunde fest, dass ich tatsächlich vor 20 Jahren Abitur gemacht hatte.

Klassentreffen. Cool, dachte ich. Einfach mal alle Leute, die einem die Pubertät zur Hölle gemacht haben, auf einmal wiedertreffen – mitten in der Midlife-Crisis. Ein geniales Konzept.

Ich meldete mich umgehend an.

Kaum auf dem ehemaligen Schulhof angekommen, marschierte mir eine Gruppe Schützen in Gala-Aufmachung entgegen. Einen Moment lang beschlich mich die Sorge, meine Uniform samt Federhut zuhause vergessen zu haben, aber dann wurde mir klar, dass wir so etwas gar nicht hatten. Wir trugen damals Baggy Pants, XXL-Shirts mit Bandaufdruck und Baseball-Kappen. Mit Federhut hätten wir jedoch kaum weniger albern ausgesehen. Die Schützen jedoch gehörten leider nicht zu uns, sie feierten nur in der Mensa der Schule.

Ja genau, in der wunderschönen neuen Mensa. Dort, wo laut Einladung unser Treffen stattfinden sollte. Die Schulleitung hatte diese vermietet. Nicht weil sie das Geld brauchte, sondern weil sie um der Tradition willen alle unsere Hoffnungen brechen wollte.

Ich fand meine ehemaligen Stufengenossen stattdessen auf dem Schulhof stehend. Ein bisschen sahen alle aus, als wäre ich nur mal eben zwanzig Jahre Kippen holen gewesen und sie hätten dort alle auf mich gewartet. Doch niemand fragte mich nach Zigaretten.

Stattdessen sprachen mich nacheinander fünf Leute darauf an, dass ich ja schon öfter mal bei meinen Auftritten gesagt hätte, ich käme aus Bochum. Warum ich denn meine wahre Heimat verleugnen würde? Ich redete mich freundlich heraus mit den Tatsachen, dass ich ja gebürtiger

Duisburger sei und inzwischen seit 15 Jahren in Bochum lebe und überhaupt nicht die Zeit hätte, den Menschen immerzu zu erklären, was ein »Xanten« sei.

Das befriedete die meisten. Ein ehemaliger Mitschüler namens Marc, ein offensiv fröhlicher Zeitgenosse, forderte jedoch lautstark, dass er doch auch einmal in einem Text vorkommen wollte. Dann boxte er mich freundschaftlich in die Seite, als wären wir wieder siebzehn Jahre alt.

Nachdem ich wieder aufgestanden war, lächelte ich milde. Er sah mich fragend an.

»Nein, tut mir leid, Marc. Ich schreibe inzwischen hauptsächlich Fantasy-Geschichten, da kann ich dich nicht unterbringen«, log ich, um irgendwie aus der Situation rauszukommen.

Er nickte ungläubig und wollte etwas sagen, aber da erhob der Direktor der Schule die Stimme und begrüßte uns überschwänglich. Klar, der kannte uns ja auch gar nicht, der war erst vor ein paar Jahren an die Schule gekommen. Mühsam unterdrückte ich den Impuls, mit einer Zwille ein Kreidestück an seinen Kopf zu schießen, um klarzustellen, mit wem er es zu tun hatte.

Stattdessen fragte ich mich, warum ich überhaupt eine Zwille und Kreide in der Innentasche meiner Jacke bei mir trug. Alte Reflexe.

Während wir später von einer ehemaligen Lehrerin durch die Schule geführt wurden, sprang plötzlich Marc von der Seite genau vor mich, zog seine eigenen Ohren nach oben und schaute träumerisch in die Ferne.

»Was zur Hölle machst du da?«, fragte ich.

»Ich bin ein Elbenprinz«, verkündete er feierlich.

»Was?«

»Komm ich jetzt in eine deiner Geschichten?«

Ich schüttelte den Kopf.

»Es ist nicht die Sorte Fantasy«, erklärte ich vorsichtig.

Marc wirkte enttäuscht und ging alleine in den Kunstraum, traditionell ein guter Ort, um zu weinen.

Nach der Führung versammelten wir uns in einer Art größerem Klassenzimmer, in dem man die Tische zusammengeschoben und zur Feier des Tages mit trockenem Geäst, Papiertischdeckchen und Kerzen dekoriert hat. Denn nichts löst im Deutschen mehr feierliche Stimmung aus als akute Brandgefahr.

Ein wenig vorhersehbar waren auch die Gespräche, die an den Tischen so geführt wurden. Immer wieder wurde ich z. B. gefragt, was ich denn nun studiert habe. Ich antwortete stets: »Algolastizitismus und Schnarfofatzik.« Denn es war mir klar, dass das erstens sinnvoller klang als »Philosophie« und zweitens auch ganz klar die besseren Berufschancen bot.

Man reagierte darauf mit viel Verständnis und teilte mir mit, ich sei früher schon bescheuert gewesen.

Ich kriegte fast einen Herzinfarkt, als mitten in die nostalgische Stimmung hinein unerwartet ein Mann auf meine Füße sprang, der sich in ein grünes Tuch gehüllt hatte. Es war Marc. Er hatte einen Krokodilskopf aus Pappmaché auf, den er offensichtlich aus dem Kunstraum geklaut hatte, und hielt sich ein Feuerzeug vor den Mund. Er rief lautstark: »Dracarys! Dracarys!«

Stille lag schlagartig über dem Raum und alle sahen in unsere Richtung. Marc zündete das Feuerzeug und machte dazu zischende Geräusche.

Dann sah er mich erwartungsvoll an.

»Ich bin ein Drache«, sagte er.

»Ich weiß«, nickte ich, »aber das ist auch die falsche Sorte Fantasy.«

»Aber was für Fantasy schreibst du denn?«, wollte er wissen, während das Feuerzeug immer noch vor seinem Mund fackelte.

»Äh ...«, sagte ich souverän, »... Äh ... Eher so Science-Fiction-Fantasy.«

Enttäuscht legte er das grüne Tuch ab und ging aus dem Raum. Ein bisschen leid tat er mir ja schon.

Ich bemerkte, dass mich immer noch alle ansahen, also hob ich mein Glas hoch und rief: »Prost!«

Das funktionierte erstaunlich gut, sofort rollte das Meeresrauschen des Smalltalks wieder an.

Die anderen Leute aus meiner Stufe hatten, auch das war irgendwie klar, allesamt vernünftige Berufe gelernt und waren nun Psychotherapeut, Ingenieurin oder Psychopath. Ansonsten drehten sich die Gespräche weitgehend darum, wer wie viele Kinder hat und wie alt die schon sind. Das schien beinah eine Art Wettbewerb zu sein, denn am meisten Anerkennung ernteten diejenigen, deren Kinder selbst schon erwachsen waren. Na, herzlichen Glückwunsch, bald seid ihr alle Omas und Opas, dachte ich, trank weiter koffeinfreien Kaffee, aß Marmorkuchen und spielte Bingo.

Zumindest bis ich sah, dass Marc sich inzwischen aus einem Karton für Sektflaschen, einem Feuerzeug und etwas Kerzenwachs ein Raumschiff gebaut hat. Er stellte es auf die Tischkante, setzte sich trotz seiner beachtlichen Statur hinein und rief etwas von einem Heimatplaneten, zu dem er zurückreisen wolle. Dann ließ er sich von der

Tischkante fallen und blieb still liegen. Da er nun still war und dabei nur sehr wenig blutete, setzen alle anderen ihre Gespräche fort.

Tatsächlich wurde ich sogar noch auf die Midlife-Crisis angesprochen und gefragt, wann ich denn eine kriegen würde. Ich antwortete, dass ich mir damit Zeit lassen wolle, bis ich mir einen fetten Sportwagen leisten könne.

Mein Gesprächspartner musterte mich eine Weile von oben bis unten und sagte dann: »Also nie.«

Ich lachte und sah aus dem Augenwinkel, dass Marc nicht mehr am Boden lag.

Er war gar nicht mehr da.

Ich wies meinen Gesprächspartner darauf hin, der mit den Achseln zuckte.

Leise murmelte ich: »Keine Sorge. Ich gehe davon aus, er ist inzwischen auf seinem Heimatplaneten.«

Mit einem Blick in den Raum dachte ich, dass das auf mich wohl auch zutraf.

Und aus dieser schönen Stimmung heraus beschloss ich, Marc doch noch in einen Text einzubauen.

Hömma!

Hömma!

Hömma, Omma!

Hömma, Omma, wennema!

Hömma, Omma, wennema KUX!

Hömma, Omma, wennema KUX, watt datt da is!

Hömma, Omma, wennema KUX, watt datt da is, watteda hass!

Hömma, Omma, wennema KUX, watt datt da is, watteda hass, wirse kucken!

Hömma, Omma, wennema KUX, watt datt da is, watteda hass, wirse kucken mitte Omme!

Hömma, Omma, wennema KUX, watt datt da is, watteda hass, wirse kucken mitte Omme umme Ecke!

Mitte Omme umme Ecke wirse gucken, wennema KUX watteda hass, Omma!

Mitte Omma-Omme umme Ecke, samma, hömma, kumma!

Samma, Omma, hömma, kumma, womamma vonne Sache her nomma, womamma vonne Sache her nomma kucken, watt datt is, watteda hass? WOMMAMMANOMMA?

Krisse watt anne Omme von, Omma, oh Mann, oh Mann, kommse umme Ecke mit, vonne Sache her nomma, je nachdem watt datt is, watteda hass, musse gucken, watte kriss!

Je nachdem watt datt is, watteda hass, musse gucken, watte kriss!

Machse flott, ne?

Besserma bevorde inne Grube drinne bis, wa!

Hömma, Omma, wennema KUX, watt datt da is, watteda hass, wirse kucken mitte Omme umme Ecke!

KUXEMA!

Bisse baff, wa?

Ein Herz für ältere Herren

Wer hätte gedacht, was ein neues Herz so ausmachen kann?

Dabei hatte mein Großvater gar nicht mehr gewollt, als zu überleben. Egon Raschke, Jahrgang 1937, war mein Opa mütterlicherseits. In Wittenberg, nicht weit südlich von Berlin geboren, hat er bereits als kleines Kind Krieg und Hunger durchgestanden, aber was jetzt mit ihm abgeht, ist irgendwie krasser.

Es ist nicht ungewöhnlich, dass einem Kettenraucher, dessen Leibspeise Herrengedeck war, irgendwann die Pumpe schlappmacht.

»Da machse nix«, sagte Opa immer und steckte sich eine Rothändle in den Mundwinkel.

Diese Kippen sind quasi das Crystal Meth unter den Filterzigaretten und er rauchte sie schon seit den Sechzigern, gerne zwei Schachteln am Tag. Als Jugendlicher, so mit 15 Jahren, hatte ich ihm mal eine Rothändle aus der Schachtel geklaut, als er gerade dabei war, sich über die Erfindung des Mobiltelefons aufzuregen. Nachdem ich die Kippe geraucht hatte, musste ich erst mal acht Stunden aufs Klo. Ich hatte so heftig Durchfall, dass ich teilweise Sachen auskackte, die ich noch gar nicht gegessen hatte.

»Da machse nix«, sagte Opa und steckte sich eine weitere Rothändle in den faltigen Mund.

Als er sie anzündet, sah ich, dass er sie falschrum im Mund hatte. Ich wollte etwas sagen, aber Opa schien das egal zu sein. Er rauchte einfach fein den Filter weg, ohne eine Miene zu verziehen. Ich sah rüber zu Opas Chihuahua Hans-Gert. Als unsere Blicke sich begegneten, zuckte der Hund mit den Schultern. So isser, der Opa.

Und dann gab eben das Herz auf. Die Prognose des Arztes war nicht gut. Wenige Monate sollten nur noch bleiben und Opa hatte sich schon damit abgefunden. Er war in Schnaps und Würde gealtert.

»Da machse nix«, sagte Opa immer und steckte sich einen kleinen Zweig in den Mund, zündete diesen an und rauchte das Holz in schnellen heftigen Zügen weg.

Doch dann kam die Sache mit dem Spenderherz. Ein junger Marketing-Executive war bei einem Segway-Unfall ums Leben gekommen und in den Untiefen seines hippen Bartes war ein Organspende-Ausweis gefunden worden. Er hatte ein Herz für ältere Herren.

Also wurde Opa operiert.

Die Ärzte sagten uns nachher, das Praktische sei gewesen, dass sie Opas altes Herz gar nicht erst entfernen mussten. Es war kaum noch größer als eine schwarze harte Rosine. Da haben sie das neue Herz einfach oben drauf montiert, wie einen Heckspoiler. Opa hatte nun die Kraft der zwei Herzen. Und wenn man ein Stethoskop an seine Brust hielt, konnte man hören, dass diese gemeinsam im Dreivierteltakt schlugen.

»Walzer!«, rief Opa und sein Chihuahua Hans-Gert begann, zu tanzen.

»Da machse nix«, sagte Opa immer und steckte sich einen Plastiklöffel in den Mund, den er unversehens rauchte.

Er schien wieder der Alte zu sein.

Doch als ich ihn eine Woche später besuchte, war ihm bereits ein beachtlicher Vollbart gewachsen. Opa trug sehr enge Jeans und ein ironisches Disney-Shirt. Aus einem Wollknäuel hatte er sich einen Herrendutt gebastelt. Rote Wolle in schlohweißem Haar, wohlgemerkt.

»Hallo Opa«, grüßte ich, wobei er meinen misstrauischen Blick bemerkt haben musste.

Sein Lächeln erkaltete und er sah mir streng in die Augen. Dann sagte er etwas, das mich bis ins Mark erschütterte: »YOLO!«

Nach einer Schrecksekunde fiel mein Blick auf seinen Chihuahua Hans-Gert, der entspannt eine Rothändle rauchte. Mit seinen kleinen Pfötchen aschte er in den Fressnapf der Katze und zwinkerte mir zu.

»Seit wann raucht Hans-Gert denn?«, fragte ich nach.

»Ich habe ihm meine letzte Schachtel überlassen, als ich aufgehört habe«, erklärte Opa, »Rauchen ist nicht opti für den Workflow, you know?«

Ich knowte gar nichts! Was war denn hier passiert?

»Hömma, möchtest du einen Rhabarbersmoothie?«, wollte Opa wissen.

»Danach können wir ironisch ›Conan, der Barbar‹ gucken! Kunst kommt von Conan!«, grinste Opa.

Da wusste ich: Das Herz des hippen Werbefuzzis hatte die Kontrolle über Opa übernommen.

Mir war klar, was zu tun war. Ich formte die Hände zur Todeskralle, um Großvater mit einem wieselflinken Schlag das Herz aus der Brust zu reißen. Doch Opa war noch schneller. Er warf mir eine Handvoll Chia-Samen in die Augen und rief: »So long, sucker!«

Dann sprang er auf sein Longboard und raste davon, lässig einen Frozen Yogurt löffelnd.

Ich rieb mir die überteuerten Szene-Körner aus den Augenwinkeln und sah Opa mit einem lachenden, einem weinenden und einem ratlosen Auge nach. Der war weg.

Der Chihuahua Hans-Gert sah mich an und zuckte mit den Schultern. Ich nickte und sagte:

»Da machste nix!«

Dann zündete ich mir eine Rothändle an und lächelte.

»Ich bin jetzt dein Opa.«

Konsonantengedicht

Es klingt wie ein Witz aus dem Jahr 1984. Aber am 28.02.2018 war in deutschen Zeitungen zu lesen, dass die chinesische Regierung tatsächlich den Buchstaben »N« aus dem Internet verbannt hat. Der Grund war wohl ein Running Gag im chinesischen Netz, bei dem der Regierung unterstellt wurde, sie wolle wohl noch *n* Jahre regieren.

Und die Zahl »1984« hat man im selben Zug übrigens auch verboten.

Ich fand ja sofort: Das ist eine Zesur!

Aus Protest habe ich ein Konsonantengedicht geschrieben, in dem eben nur das »n« als Konsonant vorkommt. Und direkt die »neue chinesische Version« hinzugefügt.

Nonne Nina
Nanu, nanu
Neun Nonnen nennen Nina nun Ina
Ina?
Eine Nina ohne N?
Nina nun: »Ne, ne, ne!
Nina ohne N?
Ia!
Iiiih-Aaaah!«
Nonnen ahnen:
»Nie Nina ohne N nennen!«

Und hier die »neue chinesische« Version:

oe ia
au, au
eu oe ee ia u ia
Ia?
Eie ia ohe?
ia u: »e, e, e!
ia ohe ?
Ia!
Iiiih-Aaaah!«
oe ahe:
»ie ia ohe ee!«

Der tragische Prinz Kottelet

Wenige wissen das, aber in meiner Freizeit bastle ich gerne aus Auberginen und Weißkohl dekorative Pandabären für den Küchentisch. Das ist anspruchsvolles Handwerk, da kann ich mich richtig stundenlang reinversenken und den Rest der Welt vergessen. Oh ja, Auberginenweißkohlpandas, oder wie wir in der Szene sagen: Auweipas. Fun, fun, fun.

Als ich am Montagvormittag mit einem Bastkorb voll frischem Gemüse aus dem Biosupermarkt kam, stand dort ein Mann mit einem halben Pfund Hackfleisch in der Hand. Er bewegte sich nicht und starrte auf das Fleisch, als wäre es ein Gehirn oder wenigstens ein Schädel.

»Ist alles okay?«, fragte ich zögerlich.

Und das hätte ich vermutlich nicht machen sollen, denn als hätte ich seinen Powerknopf gefunden und ihn aus dem Standby-Modus befreit, begann er, zu reden, ohne den Blick vom Fleisch in seiner Hand zu nehmen:

»Sein oder nicht sein! Das ist hier die Plage! Weil das mit dem Sein, das kostet doch alles nur wieder Geld. Wenn diese Klima-Leute sich durchsetzen mit ihrer schwedischen Jean D'Arc im grünen Gewand. Das kostet doch alles nur wieder Geld, Greta!

Ich kauf doch schon mein Hackfleisch in Bio. Schau es dir an, dieses prachtvolle halbe Pfund gemischtes Hack! Das ist Bio-Qualität. Von freilebenden Hacktieren!

Weißt du, was das kostet, Greta? Da schlackerst du aber mit deinen kecken Zöpfchen, Greta! Das muss doch reichen! Das wird man ja wohl noch nagen dürfen!«

Er machte eine kurze Pause und ich hatte das Gefühl, etwas sagen zu sollen, aber noch bevor ich meinen Mund öffnen konnte, schmiss er das Hackfleisch zu Boden.

»Aber nein!«, schimpfte er in Richtung des Fleisches am Boden, »es reicht euch eben doch nicht! Jetzt wollen die auch noch das Benzin teurer machen! Das kostet jetzt doch schon so viel, dass ich mir fast Champagner in den Tank kippen kann! Champagner, Greta! Das kennste nicht, wa? Du alte Leitungswasser-Gurke! Es darf auch mal sprudeln, ja!«

Er grinste spöttisch und zeigte mit dem Finger auf das Fleisch.

»Und Fernreisen mit dem Flugzeug sollen bis zu 2.000 Euro teurer werden. 2.000 Euro, Greta! Hast du eigentlich noch alle Knöpfchen am Pullunder, hör mal? 2.000 Euro, das sind 4.000 Mark! Und 4.000 Mark sind 8.000 Reichsmark! Und 8.000 Reichsmark sind 125 spanische Golddublonen! Ja, so war das im Mittelalter, Greta, da war auch nicht alles schlecht. Weißt du, was wir im Mittelalter gemacht hätten mit dir? Wir hätten dich ganz umweltfreundlich auf den Bio-Scheiterhaufen gestellt.«

Er beugte sich runter, hob das Hackfleisch vom Boden auf und murmelt dabei versonnen das Wort »Kötbullar«. Ich wagte es nicht, einzuschreiten.

»Weißt du, Greta? Ich hab ja nichts gegen die Umwelt! Ich habe zuhause sogar einen Garten, darin steht ein

Baum! Ein richtiger Baum! Gut, okay, es ist ein sehr flacher Baum. Ohne Stamm. Mehr so ein Gebüsch. Aber das ist echt. Das muss doch reichen, Greta! Ich gieß das einmal die Woche. Beziehungsweise, ich warte auf Regen. Aber der kommt ja immer, früher oder später. Da wandelt sich das Klima. Die Sonne scheint nicht immer. Das versteht ihr Kinder nur noch nicht. Ob ich nun nach Bali fliege oder nicht, ist doch der Sonne scheißegal. Wie stellst du dir das denn vor, Greta?

Die Sonne sieht mich in meinem Flugzeug und denkt sich: ›Jetzt hat der Typ schon wieder Urlaub und ich nicht! Ich fick den weg da in seinem Flieger! Puff, bums, ich mach Chemtrails aus dem! Und dann schmelz ich die Gletscher, dann kann der mal schön gucken, wo sein Strand dann hin ist!‹

Ja, Greta, schon klar, dann versinkt halt eine Scheißinsel. Buhu!

Das ist doch halb so tragisch. Weil wenn der Meeresspiegel steigt, weißt du, wo dann mein Strand ist? Häh? Bei mir zuhause in Bochum, direkt vor der Haustür!

Scheiß doch auf die Holländer, Greta! Boah, wenn ich die schon sehe mit ihrem Oranje und Haschischtabletten und wie die Fußball spielen. Weißt du noch, Greta, wie dieser Ruud Gullit unseren Rudi Völler angespuckt hat? Weißt du das noch? Es ist mir scheißegal, ob du Schwedin bist und da noch gar nicht geboren warst! Holland kann gerne auf Tauchkurs gehen, darauf kommt es an. Und wenn es hier wärmer wird, wegen Klimawandel, weißt du, was ich dann mache? Ich hacke das Gebüsch aus meinem Garten weg und baue da Zitronen an. Da mache ich mir Limonade draus, zack, zack.

Mein Motto ist: Wenn das Leben dir Klimawandel gibt, dann mach dir Limonade draus!

Das ist doch ein gutes Motto, oder, Greta? Lach doch mal!

Du bist immer so ernst. Das ist das Schlimme an eurer Generation, ihr seid immer so ernst. Habt doch mal ein bisschen Spaß. Aber ihr macht ja immer nur ›Fridays for future‹! Bei uns hieß das früher ›No future!‹ und dann haben wir richtig Rambazamba gemacht mit Rockmusik und Bier. Das war witzig. So geht Schule schwänzen! Mit Spaß bei der Sache! Da staunst du, hm? Ja, von der älteren Generation kann man nämlich doch noch was lernen. Genießen statt vermiesen!«

Dann hielt der Mann inne, seine Augen verengten sich und mit einer blitzartigen Bewegung verschlang er das komplette Hackfleisch am Stück. Samt Plastiktüte und Etikett mit Biosiegel.

Dann stieg er in seinen SUV und überfuhr beim Losfahren noch zwei Pandabären-Babys. Herrgott, dachte ich, wer lässt denn seine Pandababys alleine auf dem Parkplatz vorm Biosupermarkt stehen? Das ist ja total unverantwortlich!

Dann erst sah ich, dass es sich um Menschenkinder gehandelt hatte.

Also halb so wild.

Versehen

Herr Gipfel und Frau Wipfel, die hatten nach Verloben
Pünktlich und oben zur Heirat angehoben
Doch nur weil sich ihre Nachnamen reimen
Sind ihre Hochzeiten keine Versehen

Das Horrorrohr von St. Franzisco

Prolog

Über dem feuchten, dunklen Boden des alten Klosterfriedhofs von St. Franzisco hing schwerer, bleicher Nebel in der Abenddämmerung, aus dem die verwitterten Grabsteine ragten wie die Gipfel des gruseligsten Gebirges der Welt. Die Stille war beinah unerträglich, daher wurde sie glücklicherweise unterbrochen von einem abgesägten Heizungsrohr, das durch die Luft sauste, und dem erstickten Schrei eines sterbenden Schwans.

Quak.

Kapitel 1 (Das erste und letzte Kapitel)

»Und wie kommen Sie darauf, dass es sich um ein übernatürliches Phänomen handeln könnte?«, hakte Dr. Harry Goldbursche nach. Seine rauchige Stimme klang streng und strahlte die Autorität einer weltgewandten parapsychologischen Koryphäe aus. Der Abt des Klosters senkte seinen Blick auf den Teppich seiner Kammer.

»Ich weiß es nicht …«, entgegnete er zögernd.

Dr. Harry Goldbursche schüttelte den Kopf und schnipste seine Zigarette lässig in Richtung Fenster, wo sie leider an der bodenlangen Gardine hängenblieb. Der schwere Stoff fing sofort Flammen.

Der Abt hatte nichts bemerkt und starrte weiterhin demütig auf den Teppich.

»Aber kein normaler Mensch würde so etwas tun! Oder meinen Sie nicht, Dr. Goldbursche?«

Harry hatte sich unauffällig Richtung Fenster bewegt und schlug nun leise mit der ledernen Aktentasche auf die brennende Gardine ein. Den Flammen schien das zu gefallen, aus einer kerzengroßen Flamme war inzwischen ein faustgroßes Feuer geworden.

»Es könnte sich doch auch um die Handlung eines Verrückten handeln«, entgegnete Harry nachdenklich.

Der Abt hob seinen Kopf, um in Richtung des parapsychologischen Ermittlers zu schauen. Dr. Goldbursche reagierte blitzschnell und verbarg die brennende Gardine hinter seinem Rücken.

»Welcher Verrückte rammt denn einem unschuldigen Schwan ein Heizungsrohr ins Ohr?«

»Keine Ahnung. Ein arbeitsloser Hörgeräteakustiker? Ehrlich gesagt, wusste ich bis eben nicht mal, dass Schwäne überhaupt Ohren haben«, entgegnete Harry und fügte dann hinzu: »AUA!«

Inzwischen war das Feuer auf die Rückseite seines Mantels übergegangen und fügte ihm beachtlichen Schmerz zu.

»Haben Sie gerade ›AUA‹ gesagt?«

»Gegenfrage: Was ist denn das da an der Tür?«

Der Abt drehte sich in Richtung der alten dunkelbraunen Holztür seiner Kammer und diesen Moment der Ablenkung nutzte Harry, um sich samt der Gardine auf den Boden zu werfen und die Flammen durch Herumrollen zu löschen.

Als der Abt an der Tür nichts Ungewöhnliches entdecken konnte und sich zu Harry zurückdrehte, sah er diesen am Boden, in die samtene Gardine eingewickelt.

»Was machen Sie da?«, fragte er entrüstet.

Harry antwortete blitzschnell.

»Rumkugeln.«

Die Stirn des Abtes runzelte sich zu einer Zornesfalte.

»Darüber kann ich überhaupt nicht lachen«, rief er.

Doch bevor er sich so richtig in einem Wutausbruch entladen konnte, zerriss ein schrilles Geräusch die Stille. Das Fenster des Zimmers wurde zerschmetterte, tausend Splitter regneten auf Harry Goldbursche und mit einem dumpfen Knall landete ein schweres, etwa ein Meter langes Stück Heizungsrohr auf dem Teppich neben seinem Kopf.

Der Abt machte vor Schreck einen Satz zurück.

»Darüber kann ich überhaupt nicht lachen«, rief er daher erneut.

Harry entwickelte sich aus dem Vorhang, stand auf und schüttelte sich die Scherben aus seinem wallenden Vokuhila. Er warf einen Blick auf den Abt, dann auf das Rohr, dann zum Fenster und schließlich wieder zum Abt.

»Also ich hatte in meinem Leben ja schon mit vielen fragwürdigen Handwerkern zu tun«, erklärte er, »aber die Arbeitsweise Ihres Heizungsmonteurs kann ich nun wirklich nicht befürworten. Man kann doch nicht einfach was in den Raum werfen und hoffen, dass alles gut wird. Außerdem ist dieses Vorgehen schlecht für die Isolationswirkung des Fensters.«

»Das war doch nicht der Monteur, sondern der Mörder!«, rief der Abt.

»Ah ja, das klingt logisch«, murmelte Harry, »der Monteur ist der Mörder! Daher hatte er auch das Heizungsrohr! Fall gelöst, den Rest machen die Bullen. Wo sind die Erdnüsse?«

Harry machte sich nicht viel aus Geld und arbeitete daher stets nur für Nüsse. Einmal hatte er auch bei einem Bäcker ermittelt, um sich seine Brötchen zu verdienen. Sein schwierigster Fall war in einer Steinkohle-Zeche gewesen, dort hatte er jedoch nicht gearbeitet, um Kohle zu machen, sondern einfach, weil es deep war. Die Stimme des Abtes riss ihn aus seinen Gedanken.

»So weit, so gut. Aber welcher Monteur?«

»Na, der Monteur mit dem Heizungsrohr im Innenhof. Fall gelöst«, erklärte Harry.

Er konnte manchmal schlecht verbergen, dass er seine Ausbildung zum Privatdetektiv bei einer Partie Cluedo gemacht hatte.

»Aber weder hier oben im Kloster St. Franzisko noch unten im Dorf gibt es einen Heizungsmon…«

Der Abt hielt inne und grübelte.

»Nüsse, Nüsse, omnomnom«, murmelte Dr. Harry Goldbursche derweil vor sich hin.

»Es gab hier mal einen Monteur! Mein Vorgänger im Amt des Abtes, Bruder Kunibald, hatte ein Sanitärinstallationsunternehmen namens ›Kunibald und Söhne‹, bevor er ins Kloster eintrat, weil er meinte, er habe genug Rohre verlegt.«

»LOL«, nickte Harry. »Fall gelöst, jetzt kommt der Knabberbagger!«

Er machte einige ordinäre Schmatzgeräusche.

»Das Problem ist nur«, entgegnete der Abt und plötzlich erklangen im Hintergrund drei Glockenschläge, »dass Bruder Kunibald seit vielen Jahren tot ist!«

Harry wurde hellhörig. Vielleicht war das doch kein Fall für die Polizei, sondern für einen Parapsychologen wie ihn.

»Wie ist Kunibald denn ums Leben gekommen?«, erkundigte er sich.

»Er starb eines Nachts beim Versuch, die Enten im Wassergraben des Klosters zu füttern. Wir fanden ihn am nächsten Morgen übersät mit kleinen Verletzungen, wie von pickenden Schnäbeln. Die Mordkommission ließ damals extra einen Ornithologen einfliegen. Dieser untersuchte alle Spuren und kam schließlich zu dem Schluss, dass Kunibert von einem eifersüchtigen Schwan zu Tode gehackt wurde.«

»Auf mir haben früher auch immer alle rumgehackt«, murmelte Harry.

Der Abt schwieg einen Moment, als wage er es nicht, den Gedanken zu Ende zu führen.

»Meinen Sie«, sagte er schließlich mit zitternder Stimme, »der Geist von Kunibert ist zurück und rächt sich an den Schwänen?«

»Ja, klingt super, nehme ich so. Fall gelöst. Kann ich die Nüsse?«

Dr. Harry Goldbursche war hungrig und konnte nicht mehr klar denken. Aber dann fiel ihm plötzlich etwas auf. Der Abt hatte sich gerade abtgewendet und ging auf das Regal zu, auf dem die Nüsse lagen, als Harry ihn zurückrief.

»Halt, Herr Abt, Moment mal. Es ist ja wahnsinnig nett von Ihnen, dass Sie den Fall für mich lösen. Und ich hab auch wirklich Nussbock. Aber eine Sache muss ich Sie noch fragen.«

»Ja, bitte?«

»Der Mann dort auf dem Ölgemälde an der Wand, ist das Bruder Kunibald?«

»Aber ja, warum fragen Sie?«

»Ist Ihnen aufgefallen, dass jemand eine Zielscheibe über sein Gesicht gemalt hat?«

»Ja, das war ich. Die alte Dartscheibe war kaputt und da dachte ich …«

»Und was ist das?«, unterbrach ihn Harry. »Hängt daneben an der Wand an einem rostigen Nagel etwa ein Gummihuhn mit Blut am Schnabel? Wie kommt denn das dahin?«

»Das … Äh, keine Ahnung. Das ist Erdbeermarmelade oder Kirschketchup, glaube ich. Ich weiß nicht …«, entgegnete der Abt, während er rückwärts auf die Tür zuging.

Er prallte mit dem Rücken gegen etwas Weiches. Hinter ihm war plötzlich ein riesiger Mann in der Tür aufgetaucht.

»Sie haben meinen Vater ermordet«, rief der Riese und hob seine mächtige Pranke, in der er ein weiteres Heizungsrohr hielt.

»Ich möchte lösen!«, ging Harry aufgeregt dazwischen.

Der Riese hielt inne und der Abt sank auf die Knie, wobei er sich schützend die Arme über den Kopf hielt. Harry ging langsam auf die beiden zu.

»Das ist einer von Kunibalds Söhnen und er kommt, um sich zu rächen für …« Plonk!

Harry hatte vorher mit einer flinken Bewegung das andere Heizungsrohr vom Boden aufgehoben und es dem

Riesen nun unerwartet über den Kopf gezogen. Kunibald junior ging zu Boden und der Abt erhob sich, um sich zu bedanken.

»PLONK!«, machte es, als Harry ihn mit einem weiteren Schlag niederstreckte. Schließlich war der Mönch des Mordes durch Gummihuhn schuldig, darauf standen bis zu drei Sozialstunden. Aber mit derlei Geplänkel konnte sich die Polizei befassen, die er natürlich längst gerufen hatte.

Harry ging zum Regal, schnappte sich die Nüsse und knabberte sich in den Sonnenuntergang.

Epilog

Später am Abend staunte der junge Mönch Bruder Bromancius nicht schlecht. Er war gerade dabei, in der Großküche des Klosters das Abendessen vorzubereiten, als sich der Hinterausgang einen Spalt weit öffnete und ein Schwan seinen langen Hals hindurchsteckte. Der Vogel sah sich um, schien ihn aber nichts zu bemerken. Bromancius gefror das Blut in den Adern. Der Schwan trat ein und trug etwas in seinem rechten Flügel. Der Vogel stellte den Gegenstand in eines der Regale und verschwand so schnell und unauffällig, wie er gekommen war.

Bromancius wartete ein paar Minuten, bis er sich sicher genug fühlte, um nachzusehen, was der Schwan ins Regal gestellt hatte. Es war ein Glas mit Kirschketchup.

Der Hiwi mit der Kiwi

So wahr ich mit der Ampel schmuse – es reimt sich nix auf Pampelmuse

Es war einmal ein Probst
Der aß viel zu viel Obst
Am liebsten in sehr hohen Dosen
Baum- und Dosen-Aprikosen
Papaya und Banane
Fruchtig flattert seine Fahne
Der Apfel und die Birne
Stiegen ihm zu Hirne
Er dattelte wie Aladdin
Und sprach bald fließend Mandarin
Samt Kernen aß er seine Kirschen
Weil die beim Kauen herrlich knirschen
Mit Schale gab es Grapefruit
Weil er befand, das geht gut
Wenn er das will, dann kann er das
Er aß am Stück die Ananas
Im Wahn verschlang er ganz am Schluss
Unzerkaut die Kokosnuss

Der Bauch glich wie zum Hohne
Optisch bald schon der Melone
Als Dessert und auf die Schnelle
Eine winzig kleine Mirabelle
Doch gerade die hat nicht gepasst
Er ist als Fruchtblase geplatzt
Der Probst ist gänzlich explodiert
Wovon bis heut berichtet wird
Denn der, der ihn gefunden hat
Erfand dadurch den Obstsalat

Teil 4

Zwischen Null und Unendlich

Artikel 1

Die Würde des Menschen ist unantastbar.

Wir kamen und sahen und haben benannt
Wir hielten die Welt in der tragenden Hand
Wir haben den Morgen und Abend gekannt
Wir haben auf Haut unsre Namen gebrannt

Doch wenn wir unsre Worte ins Innere treiben
Die Welt an den Bändern der Stimme zerreiben
Geräusche, mit denen wir Dinge beschreiben
Indem wir sie bitten, für immer zu bleiben

So klappt das perfekt mit den Gräsern und Bäumen
Wir sehen sie klar wie in gläsernen Zäunen
Sie wiegen im Wind und sie leben in Träumen
Und lassen ihr Wesen von Lesenden zäumen

Die Welt weiß sich an unsre Worte zu binden
Nur ein Stern genügt uns, um Norden zu finden
Doch schreiten wir durch unsre Pforte nach innen
Scheint diese Kraft dort vor Ort zu verschwinden

Das Denken besteht hier als ständige Hürde
An der unsere Zunge die Grenzen erspürte
Wissensdurst bleibt die unendliche Bürde
Wir tasten im Trüben nach menschlicher Würde

Man kann sie nicht greifen, das ist leicht zu verstehn
Ihr Wohnsitz liegt schließlich im Reich der Ideen
Doch auch Liebe und Hass sind nur Zeichen von dem
Was wir alle erleben im gleichen System

Wir können da nicht mit dem Finger drauf zeigen
Vermessen und dann ein Ergebnis aufschreiben
So beharrlich wir bei den Versuchen auch bleiben
Wo kein Berg vor uns ist, können wir nicht draufsteigen

Fassaden zu lieben, so hieß unser Laster
Doch Begreifen der Welt ist hier nicht belastbar
Die Erkenntnis liegt in uns, als secunda astra
Die Würde des Menschen ist stets unantastbar

Artikel 2

Jeder hat das Recht auf die freie Entfaltung seiner Persönlichkeit.

Du kannst alles machen
Du hast das Recht, dich frei zu entfalten
Frei entfalten
Wie ein Origamischwan im Rückwärtsgang
Entfalte dich frei
Bleib am Montagmorgen einfach mal im Bett liegen, um einem Burn-Out vorzubeugen
Bleib am Freitagabend einfach mal im Bett liegen, um einem Party-Lifestyle vorzubeugen
Bleib einfach mal im Bett liegen, auch wenn das Personal behauptet, dass die IKEA-Filiale jetzt schließe
Du kannst alles machen
Geh mit einem BVB-Schal spazieren, durch Schalke
Bestell dir in Düsseldorf ein Kölsch
Färb dir die Haare grün und arbeite im Stadtpark als Gebüsch
Ändere deinen Namen in Oszillator Rumpelknecht und eröffne eine Boutique für halbe Hüte

Mähe den Rasen in deinem Vorgarten mit den Zähnen, bis dir weiße Wolle auf den Schultern wächst
Applaudiere, wenn dein Flugzeug landet – auch wenn du nicht drinsitzt
Du hast das Recht, dich frei zu entfalten
Du kannst alles machen
Stell dich auf den Marktplatz und rufe, dass Jazz im Musiklexikon ganz hinten stehen würde, wenn man alle Musikrichtungen rückwärts schreiben würde – es ist egal, ob ZZ Top dann sauer auf dich werden.
Fliege nach Indien, um dich selbst zu finden. Ich meine, ich würde mich ja eher im Badezimmer suchen, zumal ich mich da neulich erst im Spiegel gesehen habe. Aber gut, jedem das seine.
Du hast das Recht, dich frei zu entfalten
Du kannst alles machen
Behaupte, David Guetta sei ein talentierter Musiker und Mario Barth habe ein paar echt gute Gags drauf
Setze dir eine rostige Radkappe als Krone auf und behaupte, du seist Daenerys Sturmtochter aus dem Haus Targaryen, die Erste ihres Namens, Königin der Andalen und der Ersten Menschen, Khaleesi des Dothrakischen Meeres, Brecherin der Ketten und Mutter der Drachen
Du hast das Recht, dich frei zu entfalten
Du kannst alles machen
Du musst aber nicht

Artikel 3

Alle Menschen sind vor dem Gesetz gleich.

Kim trägt nen Aktenkoffer samt der Nadelstreifen
Franz ist ein blasses Opfer aller Jahreszeiten
Karl ist ein Schattenboxer, er ist stark im Streiten
Lars meint, den Arsch herzeigen sei sein Markenzeichen

Robert ist links und rechts, gleicht damit Straßenseiten
Clarissa gings grad schlecht wegen ihrem Magenleiden
Hans sitzt in Hafenkneipen und kann gar nicht schweigen
Schwafelt rein mit Tafelweinen, füllt sich schnell wie
  Ladestreifen

Sören geht untenrum ab, so wie das Haareschneiden
Claire hat den Untergrund satt und die Hakenzeichen
Wenn Fritz nen Grund dazu hat, tritt er nach
  Nasenbeinen
Die ihm zu gerade scheinen, das ist für ihn
  wahlentscheidend

Hinnerk dreht grad durch und rollt als Wagenreifen
Fee lässt ihr Frühstück gewollt zum Abend gleiten
Toms Gesicht ist grün, voll wie Rasenstreifen
Er hofft in harten Zeiten auf ein Atemzeichen

Bassam lernt grad Deutsch, in Damaskus geboren
Er wäscht sich häufig den Hass aus den Poren
Joe liebt den leuchtenden Bass in den Ohren
Er hat sein Zeug in nem Nachtclub verloren

Du Heiliges Pfund, was sind wir grundverschieden
Verbleiben im Dunst, das ist noch untertrieben
Wir scheinen uns bei unsresgleichen zufrieden
Keine leichtere Kunst, andre Seiten zu lieben

Drum erzählt uns, was steht in den Zeichen geschrieben
Was treibt euren Zug über Weichen und Schienen?
Denn wenn überhaupt, dann erreichen wir Frieden
Wenn wir Schweigen verneinen, also zeigen wir ihnen

Alle Einzelgeschichten erleichtern das Jetzt
Ob du schreiend zerfetzt oder schweigend zulässt
Wir schreiben alle gemeinsam am Text
Die Menschen verbleiben stets gleich vorm Gesetz

Artikel 4

Die Freiheit des Glaubens, des Gewissens und die Freiheit des religiösen und weltanschaulichen Bekenntnisses sind unverletzlich.

»Im antiken Griechenland lebten die Götter auf dem Gipfel eines Berges in einer Mischung aus Seifenoper und Swingerclub. Und wenn es dem Chef der Götter mal zu fad war, die eigene Göttergattin zu begatten, schlich er sich auf die Erde, verwandelte sich in einen Schwan und hüpfte in die Betten der Menschinnen.

Das ist schon ein bisschen krank, wenn du mich fragst. Und ich könnte dir noch ein paar Dutzend Beispiele für perverse antike Götter liefern, eine himmlische Schweinebande, Sexisten, Nymphomanen, Satyre, alle zusammen! Widerlich, ekelhaft!«, sagte ich.

Ein gutes Gesprächsthema für ein erstes Date zu finden, war noch nie meine Stärke.

Jasmin räusperte sich und versuchte, das Thema zu wechseln.

»Hm, ja. Sag mal, woran glaubst du denn?«

Ich lächelte dankbar.

»Ich bin schon allein aus Gründen des Anstands Atheist! Ich glaube an nichts!«

Jasmins Gesichtsausdruck änderte sich und ich konnte ihn nicht recht deuten.

Dann sagte sie leise, aber bestimmt: »Erzähl mir mehr von vögelnden Göttern.«

»Ich bin derlei Reaktionen gewöhnt. Wenn man den Menschen erzählt, dass man an keinen Gott glaubt, schauen sie einen an, als würde man behaupten, dass man Weltrekorde in Welpenweitwurfwettbewerben hält.

Oft hört man dann, dass man doch wenigstens an einen Alternativ-Gott glauben könnte, wie etwa das fliegende Spaghettimonster. Das gibt es wirklich. Die Anhänger des fliegenden Spaghettimonsters nennen sich Pastafaris und sie glauben, dass ihr Gott die Welt mit seinem nudeligen Anhang erschaffen hat.

Und wenn du jetzt denkst: ›Haha, wer glaubt denn so einen Quatsch‹, dann sei daran erinnert, dass Christ*innen glauben, dass Gott eine Dreifaltigkeit aus einem Vater, einem Sohn und einem heiligen Geist ist, die aber alle ein Wesen sind. Und dessen Blut wird jedes Wochenende aus rituellen Weinkelchen getrunken. Das ist natürlich wesentlich einleuchtender als ein nudeliger Anhang.

Mir ist es ja im Prinzip egal, ob ihr an den Weihnachtsmann, den Osterhasen oder einen gütigen Gott glaubt, der euch alle liebt, aber wenn ihr euch nicht an seine Regeln haltet, kommt ihr in die Hölle und eure Seelen erleiden ewige Qualen. Ich meine, das ist eine ziemlich ungewöhnliche Form von Liebe und meiner Meinung nach eine etwas rückschrittliche Pädagogik. Aber gut. Jeder, wie er möchte. Steht ja auch im Grundgesetz und da glaube ich dann schon dran.«

Jasmin sagte dazu nichts mehr.

Das lag wohl daran, dass sie vor fünf Minuten gegangen war.

Göttinnen haben halt keinen Humor.

Artikel 5

Jeder hat das Recht, seine Meinung in Wort, Schrift und Bild frei zu äußern und zu verbreiten.

Ich könnt mich ja schon wieder aufregen!

Da klappt mir die Kettensäge in 'ner Tasche auf!

Samma, habt ihr zu nah an der Heizung übernachtet?

Habt ihr 'nen dementen Medizinball mit 'nem halben Meter Dämmwolle draufgetackert zum US-Präsidenten gewählt?

Einen Typen, der tatsächlich alle Medien zur Opposition erklärt?

Jemand, der auf alle Zeitungen schimpft und ständig ruft, dass alles »Fake News« sind, während er zeitgleich der Schöpfer ist von »Alternativen Fakten«?

Jemand, der offensichtlich glaubt, dass Meinungsfreiheit eingeschränkt gehört, aber gleichzeitig darauf besteht, dass er das Blaue vom Himmel lügen darf? Und wer ihn dann auf seine Lügen hinweist, der wird der Lüge über Lügen bezichtigt, so lange, bis irgendwann keiner mehr weiß, was die Wahrheit war?

Das ist doch keine Meinungsfreiheit, das ist Sinnfreiheit.

Und wie kommt es eigentlich, dass in Russland kremlnahe Fernsehsender mitten im Wahlkampf heimlich aufgenommene Videos aus den Schlafzimmern von Oppositionspolitikern zeigen?

Und zeitgleich verschwinden kritische Journalistinnen in rauen Mengen oder sie kommen unter mysteriösen Umständen ums Leben.

Oder in der Türkei – da wird Wikipedia gesperrt. WIKIPEDIA. Das muss man sich mal auf der Zunge zergehen lassen. Wie weit muss es kommen, bis jemand sich von einem Lexikon bedroht fühlt?

Das ist exakt einen Schritt vom Verbot der Realität entfernt, weil diese der Vorstellung nicht entspricht.

Obendrein wurden in den letzten zwölf Monaten in der Türkei nicht zehn, nicht hundert, nicht tausend, sondern hunderttausend Professoren, Journalisten, Polizisten entlassen wegen unliebsamer Meinungen – und vermutlich auch noch ein paar Hunde und Katzen.

Kann man so machen.

Klar kann man Zeitungen verbieten.

Klar kann man alle Journalisten einsperren und Schriftstellerinnen mit dem Tod bedrohen.

Du kannst ja auch den Zahnarzt erschießen, weil er dir sagt, dass du Karies hast.

Aber um zu glauben, dass davon eure Zahnschmerzen aufhören, dafür muss man schon ordentlich Lack gesoffen haben.

Dabei sind das sind nur drei Beispiele gewesen – um die Presse- und Meinungsfreiheit ist es schlecht bestellt, in vielen Ländern.

Und auch hierzulande marschieren wieder diejenigen, die »Lügenpresse« rufen und Meinungsfreiheit nur für sich reklamieren.

Diejenigen, die jede Kritik an ihrer Haltung als Zensur brandmarken.

Dabei ist Meinungsfreiheit doch immer und zuallererst die Meinungsfreiheit der Anderen.

Sollbruchstelle

Vor den Leuchttürmen meiner Angst
Unter dem kreisenden Feuer
Im Veitstanz der Nachtschattengewächse
Fahren meine Finger
Deine Küste entlang

Du Sollbruchstelle im Uhrzeigersinn
Ich bin verwolken
Du Sonnenauge

Du Stille und Stand in Stillstand

Die Haut ist blütenüberströmt
Magnolienregen
Feingeister auf Trampelpfaden

Der alte Brunnen
Lass eine Münze hineinfallen
Und erkenne am Geräusch
Ob es Kopf oder Herz war

Wir halten uns auf
Wir halten uns an
Wir halten uns

Fruchtbar

Dein Kopf ist eine Frucht
Mit harter Schale
Und weichem Kern
Ein roter Saft
Ist seine Wahrheit
Ein Traum aus Dingen
Ein Singen der Bienen
Vom Entstauben der Blüten
Zwischen dem Laub
Halte die Zeilen
Wie einen Regenschirm
Wenn der Herbst
Seine Türen ölt
Unter den Füßen leben Sohlen
Von Kopf bis Fuß
Sind wir eine Reise
Nur zurück nehmen wir
Einen anderen Weg
Dein Kopf ist eine Frucht
Von bitterer Süße
Und saurem Biss

Halte mich
Wie Dinge aus einem Traum
Traubensaft
Blütenstaub
Woher kommen die Worte
Wo gehen sie hin
Öle die Füße
Bleib liegen
Ich habe Durst

Unvergessen

An alle zu früh Geborenen
Für alle, die gerade nicht unsterblich wurden
Alle, die es nur fast geschafft haben
Die nicht mehr dabei waren
Als wir den Tod besiegten
Dabei waren
Als unser Ende sein Ende fand
Wir vergessen euch nicht

Wir, die wir auf Dämmen stehen
Das gestaute Wasser der Geschichte im Rücken
Vor uns das Tal der Seligen
In das ihr nicht folgen könnt
Wir tragen euch mit
In unseren unsterblichen Herzen
Ins ewige Licht
Das metallisch glänzt
Wie eine Klinge

Ich bin Wind

Bin nicht weise wie Siddhartha
Sing nicht My Way wie Sinatra
Nicht von Heimweh wie der Wader
Keine Weitsicht wie ein Adler
Kein Geheimnis wie Kabbala
Revoluzzer wie Zapata
Kein Charakter wie Malala
Ach, ad acta liegt die Skala
Denn ein Messwert ist unnahbar
Keine Ahnung, Digga, ahn ma,
Kein Hakuna, kein Matata
Meine Zukunft ist nicht planbar
Hab genug da vom Gelaber
Nehm das Ruder und bin startklar
Schenkt das Leben mir Zitronen
Ja, dann misch ich mir ein Radler

Denn die Mischung ist die Antwort
Und weil ich einfach gerne Rad fahr
Ringdingdingdingdingdingding

Kann nicht sein? Na, meinetwegen
Versuch, mir keinen einzureden
Muss nur meine Reime regeln
Um mir Zeilen einzuprägen
Will in freie Weiten streben
Statt im kleinen Heim zu leben
Bin auf meinen steilen Wegen
Nicht der Meilensteine wegen

Ob auf geraden Pfaden oder krummen Touren
Ob mit Wagenschaden oder jungen Spuren
Vergiss die dummen Uhren und lösche Google Maps
Du verlässt zu gestresst Bukarest nach Budapest
Bruder, check, ein guter Text wird superfresh
Wenn du relaxed
Drum suche jetzt ein Ziel und dann gehst du an den Start
Wer A und B verbindet, der legt ab – und kommt in Fahrt
Und ist dein Pfad dir zu fad und dein Grat dir zu grad
Alles harrt dir zu hart, ist mein Rat: Nimm ein Rad
Oder zieh mit Arthur Dent durch die Galaxis per Anhalter
Denn wenn die Straße brennt, ist die Praxis mein Gangschalter
Und die Theorie nix als ein Wort und so weiter und so fort
Um von Ohr zu Ohr zu lächeln
Reist man halt von Ort zu Ort

Wir kommen alle voran, ob Schaffner oder Schwarzfahrer
Ob per aspera ad astra oder schlaffer als Radfahrer
Die mit E-Bike bergab noch ins Schwitzen geraten
Um ein Vielfaches besser als Sitzen und Warten
Ob als waidwunder Trucker auf der Rübenkohltour
Oder zweihundert Sachen auf der Überholspur
Ob auf der Reeperbahn im Lotterleben
Oder Gott ergeben auf Schotterwegen
Ob man den Hampelmann an Ampeln mag
Oder den Wandertag am Trampelpfad

Die Wahrheit rappelt wie Pfandflaschen im Radkasten
Es lässt sich nicht abschaffen: Es gibt zu viele Sackgassen
Manche Wege kippen in Klippen oder enden an Wänden
An sie säumenden Zäunen oder Schranken und Grenzen

Doch ich hab keine Angst vor dem Schluss
Und ich brauch keine Verlängerung
Selbst im Tod ist noch Bewegung
Es steckt ein Ende in Veränderung

Wir kommen dem Leben so nicht davon
Der Startschuss ist kein platonischer Gong
»The show must go on« ist kein komischer Song
Der liegende Bär wird keinen Honig bekomm

Stillstand keine Lösung, weil die Kugel nun mal rollt
Eine Frage der Gewöhnung, ich hab Trubel nie gewollt
Also google ich: »Was soll's?« wie ein jugendlicher Proll
Dann renn ich einfach los, bis ich jubel über Gold

Was hinter uns liegt, wird eh niemals zurückerlangt
Es gibt keinen Rückwärtsgang wie beim Büchsenpfand
Das ist dem Mützenmann zum Glück bekannt
Also bleib ich hübsch entspannt, weil mir das nützen
kann

Denn es muss was passieren
Also sind wir Passanten
Und so darf ich euch führen
Zum letzten Gedanken
Klingt vielleicht wild, doch ich glaub, ich bin Wind
Vielleicht denkt ihr: Der spinnt!
Doch

Ob nun
Die Zeit rennt
Oder
Der Zimt rinnt
Ich bin blind
Mitten im Sprint
Aber
Der Sinn stimmt
Wir sind Wind
Wir sind Wind
Bewegen wir uns nicht, gibt es uns nicht

Wollen wir noch warten?

Wollen wir noch warten?

Wollen wir noch warten, bis es nicht mehr nur ein paar Tausend sind?

Wollen wir noch warten, bis es mehr Videos von mehr Hetzjagden gibt?

Wollen wir noch warten, bis sie nicht nur laufen, sondern wieder marschieren?

Wollen wir noch warten, bis sie wieder Uniformen tragen und nicht nur Thor-Steinar-Shirts?

Wollen wir noch warten, bis sie mehr als ein jüdisches Restaurant überfallen?

Wie lange wohl noch, bis wieder eine Synagoge brennt?

Wie lange wohl noch, bis sie nicht mehr protestieren, wenn man sie beim Namen nennt?

Wollen wir noch warten?

Wollen wir noch warten, bis sie nicht mehr nur Flüchtlingen eine Zielscheibe auf die Stirn reden?

Wollen wir noch warten, bis sie das Dritte Reich nicht mehr nur zum »Fliegenschiss« kleinreden, sondern wieder öffentlich sagen, was sie wirklich darüber denken?

Wollen wir noch warten, bis wir die Listen mit kritischen Journalist*innen, Künstler*innen und Politiker*innen sehen, obwohl solche Listen in abgedunkelten Räumen längst geführt werden?

Wollen wir warten, bis all diese Leute in abgedunkelte Räume geführt werden?

Wollen wir warten, bis sie nicht mehr nur »afrikanischer Ausbreitungstyp« sagen, sondern vom »unwerten Leben« reden und von »verdorbenen Rassen«?

Wollen wir noch warten, bis sie Kriminalität nicht nur mit »fremder Kultur« oder Islam erklären, sondern gleich mit der Hautfarbe oder der Form der Nase?

Wollen wir noch warten, bis sie ihren Rassismus wieder an den Schulen lehren?

Wie lange wohl noch, bis wieder ein Mensch brennt?

Wie lange wohl noch, bis sie nicht mehr protestieren, wenn man sie beim Namen nennt?

Wollen wir noch warten?

Wollen wir noch warten, bis sie wieder Lager errichten?

Wollen wir noch warten, bis sie wirklich an den Zäunen schießen?

Wollen wir noch warten, bis wieder die Züge rollen?

Wollen wir noch warten, bis der Stahl glüht, der zu Panzern geformt wird?

Wollen wir noch warten, bis es klackt, wenn das alte Gewehr nachgeladen wird?

Wie lange wohl noch, bis der Reichstag wieder brennt?

Wie lange wohl noch, bis man die alten Zeichen wiedererkennt?

Doppelwelthälfte

Der Himmel krümmt sich
Wie ein grauer Krampf aus Wasser
Magenschmerzen im Herz des Tages
Altlasten im Flug abgeworfen
Speichelfäden an den Lefzen der Fensterscheiben
Unsere Brillen beschlagen
Der Asphalt wird Glas
In Pfützen spiegeln sich die Äste der Allee
Wie Bullaugen ins Erdreich
Wo die Wurzeln über dem Ozean
Schweben
Der Regen schaut uns hinterher
Als wir in die Pfütze springen
Und durch das Wasser stürzen
Wir fallen nach oben
Richtung Grund
Wo eine Krähe das Nest einer Elster besetzt hält
Ein Zweig trägt meine Armbanduhr
Ein silbernes Blatt am Ende deiner Kette

Als der Himmel unter uns
Sich in tiefes Azur öffnet
Sehen wir nach oben
An die Decke Pfütze
Dort sitzen zwei Narren
Im Baum
Beschienen von einer närrischen Sonne
Komm
Wir teilen eine Banane aus Gold

Pott und Deckel

Auf jeden Pott passt ein Deckel
Das stimmt auch für den Ruhrpott
Doch die schwebende Schwefelgelbe Smog-Glocke
Die zwischen ratternden Fördertürmen und den
Rasselnden Hustenlungen der Backsteinschlote hockte
Passt nicht mehr

Fabrikschlote haben sich das Rauchen abgewöhnt
Wegen der Warnhinweise auf den Kippenschachteln
Ein paar sitzen noch in Eckkneipen
Weil da das Rauchen noch erlaubt ist
Doch die meisten tragen Strukturwandel
Als Nikotinpflaster
Mit Kultur als Luftfilter
Wurden Nebel lichter und das Leben leichter

Lachse lümmeln sich wieder in Flussläufen
Baden in Bachbetten
Blumen blühen bunte Blüten an beiden Ufern
In brüchigen Backsteinbauten wuchert Efeu
Auf braunen Brachen wachsen Wiesen
Werden auf wundersame Weise
Zu Parks und Naherholungsgebieten
Friedliche Fahrradfahrerherden
Fahren früh dem grünen Faden folgend
Wie Pfadfinder quer durch stillliegende Fabrikgelände
Diese Wende
Ist ein Anfang
Und kein Ende ist in Sicht
Zum Glück nicht

Auch die Kultur knabbert sich ihr Stück ab
Von Rhein zur Ruhr zur Emscher
Tanzen Seiltänzer auf Hochspannungsmasten
Tasten sich Klaviere in Fußgängerzonen
Toben sich Intendanten und Kuratoren
Hinter den Toren der alten Lagerhallen aus

Man schüttelt sich den Staub von den Schultern
Und atmet durch

Hier war es besser, als man glaubt
Hier ist es besser, als es war
Hier wird es besser, als es ist

Wir rühren den Pott nochmal um
Noch eine Prise frische Brise
Eine Messerspitze Zeit
Der neue Deckel liegt bereit
Und passt

Teil 5

Zwischen Zwischendrin und Drumherum

Eure Durchlaucht

Ein Text über mich selbst

Yo, Zeit für Real Talk.

Ich bin 40 Jahre alt und sage Dinge wie: »Yo, Zeit für Real Talk«.

Das kann nur eins bedeuten: Ich bin ein Lauch. Ein Lappen. Eine halbe Scheibe Gouda auf Kaperfahrt ins Langeweileland.

Ich bin blass wie ein Rettich und habe Arme wie zu lang durchgekochte Spaghetti.

Ein Teebeutel im Tanklastzug ist stärker als ich.

Im Überschwang der Gefühle habe ich neulich den »Balotelli« gemacht. Aber wenn ich den »Balotelli« mache, sehe ich aus wie ein Kölsch-Glas mit Henkeln.

Ich bin ein Lauch.

Neulich im Stadtpark neben dem Seerosenteich haben mich Küken verprügelt. Die waren allerdings auch zu zweit. Die waren sauer, weil ich ein Selfie mit Duckface machen wollte. Die meinten: »Du nicht.«

Haben mich voll gemobbt, die Küken.

Bin aber auch echt ziemlich schwach.

Und unsportlich.

Laufe die hundert Meter in weiß-nicht Sekunden, weil neben der Aschebahn ein Sofa stand.

Ihr wollt wissen, wer ein Sofa auf den Sportplatz gebracht hat? Ich.

Okay, ich und zwölf Freunde. Und ein Möbeltransporter. Und ein Kran. Und ein Typ, der Kran fahren konnte. Ein Kranich.

Der Witz war sehr schwach, aber ich bin noch schwächer.

Ich bin ein Lauch.

Wollte aber wirklich schon öfter mal was dran machen.

Bin mal zum Fitnessstudio gegangen.

Habe aber die Eingangstür nicht aufgekriegt.

Das war so eine schwere Glastür.

Einerseits hatte die zwar einen Bewegungsmelder. Andererseits hat der mich nicht wahrgenommen.

Ich bin ein Lauch.

Die Arme so dünn, ich trag den Ehering am Handgelenk. Und Festivalbändchen um den Bauch.

Scherz. Ich komme bei keinem Festival rein. Aus Sicherheitsgründen. Wenn ich vor der Bassbox stehe, werde ich immer weggebasst. Einmal habe ich mich dabei in einer Hochspannungsleitung verfangen. Das tat weh.

Generell werde ich in etwa so oft zu Partys eingeladen wie Frauke Petry auf türkische Hochzeiten.

Ich bin ein Lauch.

Letzte Woche hat mir ein Veganer ins Bein gebissen.

Ich bin ein Lauch.

Ich mach nicht mal HipHop, ich mach Poetry Slam.

Wem mach ich hier was vor? Guck mal, wie hart meine Metaphern sind. Auf der Straße haben alle Schiss vor meinen Anagrammen. Guck mal, wie cool, ich sage nice.

Ich bin ein Lauch.

Völlig korrekt, mich mit nem Lauch zu vergleichen
Und ich würd mich ja auch in ne Baugrube schmeißen
Doch kann ausufernd schreiben, um Applaus zu erreichen
Willkommen bei lyrischen Lausbubenstreichen
Lass andre ihr Leben in Graustufen streichen
Ich werde schon zum Frühstück nen Clown zubereiten
Habe Reime wie Til Schweiger Ausrufezeichen
Ausrufezeichen, Eins, Ausrufezeichen

Rauch Kraut und komme nie mit Stängeln an
Denn Slam ist mehr als Comedy und Engelmann
Siebensilbige Reime, aber sie dienen der Geschichte
Also lege deine Ohren auf die Schienen der Gedichte

Werf gründliches Licht auf die Lügengeschichten
Und üble Witze von führenden Wichten
Mit typischen Sprüchen auf Lyrik verzichten
Führ übliche Listen von Flügeln und Brüchen
Statt süßen Gedichten und trüben Berichten
Ein rüdes Vernichten von Übungsgewichten
Ess Müsli mit Whiskey und füßle mit Disteln
Und lade euch ein, mir die Füße zu küssen

Was man so nicht erkennt:
Bei den Poetry Slams
Spricht ironischer Slang
Ob man positiv denkt
Und Neurosen benennt
Sich in Posen verrenkt
Reim in Dosen verschenkt
Und gehoben anfängt
Wie die Show dieser Band
Die sich Rosenstolz nennt
Ob die Oma wegpennt
Marke: Komapatient
Ob ich Drogen verwend
Als neurotischer Mensch
Doch mich loben die Fans
Dieses komischen Trends

Und warum? Ja, warum, warum?
Warum?
Nur für den Kick für den Augenblick?
Warum?
Denn ich bin ein Lauch.
So wie alle andern auch.

Der Zweck heiligt die Mitte

Durch das dichte Blätterdach entlang der Allee fiel ein im Wind schwingendes Muster aus Licht und Schatten auf das Kopfsteinpflaster der Fußgängerzone. Sein langes blondes Haar fiel Valentin wallend in sein Gesicht, in dem sieben Piercings blitzten. Auf seinem T-Shirt war das Konterfei Bud Spencers abgebildet, aber im Stil des berühmtesten Bildes von Che Gevuara. Sein buntes Beinkleid schien aus zahllosen Flicken zu bestehen, die inzwischen die Originalhose komplett ersetzt hatten.

Er sah sich suchend um, ohne genau zu wissen, was er eigentlich finden wollte.

Valentin stammte aus Ostwestfalen in Südnorddeutschland. Aber vor drei Semestern hatte er in Leipzig zu studieren begonnen, mit dem festen Vorsatz, nicht nur Leipzig kennenzulernen, sondern auch hinaus ins »echte Sachsen« zu fahren. Und so war er heute nach Pirna gelangt.

Nur war hier leider denkbar wenig los, außer vielleicht dem Kopfsteinpflaster, das unter seinen Füßen wackelte, wie Valentin verwundert sah.

Als er wieder nach oben blickte, standen da plötzlich zwei Männer vor ihm.

Ach, guck mal, dachte Valentin, Nazis.

Das waren nun aber nicht etwa in die Jahre gekommene Wutbürger, die auf selbstgemalten Plakaten forderten: »Merkel muss weg«, die unter Anleitung ihres Gurus Lutz Bachmann in meditativen Wanderungen entlang der Elbe ihr mystisches Mantra murmelten: »Lügenpresse. Lügenpresse. Lügenpresse.«

Nein, das waren in beinah cartoonhafter Art überzeichnete Klischee-Skinheads, wie Valentin sie eigentlich nur aus Fernsehbildern von Rechtsrockfestivals wie in Thomar kannte. Nassrasierte Glatze, Thor-Steinar-Shirts, Hosenträger, enge helle Jeans, Springerstiefel mit weißen Schnürsenkeln und Bomberjacke. Da war alles dabei, sogar ein Kampfhund. Hauptgewinn im Faschobingo.

Und richtig, schon stieß der größere einen der szenetypischen Brunftschreie aus: »Miet frei!«, gefolgt von einem langgezogenen Rülpsen.

Der Hüne hielt inne, sah auf die leere Bierflasche in seiner rechten Hand runter, die sein bester Freund zu sein schien, und dachte einen Moment nach. Dann korrigierte er sich.

»Ach ne, nicht Miet frei, sondern Sieg Heil!«

Valentin wollte gerade etwas entgegnen, als der Kampfhund plötzlich aufstand und zu reden begann.

»Wen haben wir denn hier?«, fragte er mit spitzer Stimme in Valentins Richtung.

Valentin sah ihn mit weit aufgerissenen Augen an.

»Haha, der hat sich voll erschreckt«, fiepste der dickere der beiden Skinheads, den, dem Klang seiner Stimme nach zu urteilen, offenbar in letzter Zeit jemand mit einer Geflügelschere kastriert hatte.

»Der dachte, du bist ein Hund.«

»Klar dachte der das. Ich bin ja auch gut verkleidet, im Gegensatz zu euch Deppen.«

Die beiden Skinheads sahen sich an.

»Wir feiern hier in Sachsen keinen Karneval, Ronny«, sagte der Dicke schließlich.

»Aber Karneval ist ein ordentliches deutsches Fest, Dirk. Wenn du da nicht mitmachst und dich mindestens mal als sexy Krankenschwester oder Teletubby verkleidest, bist du ein ganz schlechter Rassist. Du bist ein ganz schlechter Rassist.«

»Nein, du bist ein schlechter Rassist, weil Karneval nämlich überhaupt nicht aus Deutschland kommt, sondern aus Rio, und das ist in Afrika«, schrie Dirk, dessen Stimme inzwischen ins Hysterische gekippt war.

»Seit wann interessierst du dich denn für Afrika? Bist du jetzt Multikulti oder was?«

Der Hund und der Skinhead standen sich ganz nah gegenüber und drückten die Stirne aneinander, ganz offensichtlich kurz davor, sich zu prügeln. Valentin überlegte schon, wie er unauffällig sein Smartphone ziehen konnte, um die Szene zu filmen. Da bahnte sich ein viraler Hit an.

Doch da ging der größere Skinhead dazwischen, der bis hierhin konzentriert auf seine leere Flasche gestarrt hatte.

»Hört mal auf jetzt! Nicht vor dem Langhaarigen streiten! Wir haben eh schon einen so schlechten Ruf in der linken Szene.«

Die Situation fror für einen stillen Moment ein. Ronny im Hundekostüm und die beiden anderen drehten sich langsam in Valentins Richtung und starrten ihn feindselig an. Ein kalter Schauder lief ihm die Wirbelsäule hinauf.

»Aha, ein Linker!«, bellte der Hund.

»Das gibt auf die Fresse!«, freute sich Dirk, »den hauen wir kaputt.«

»Ne, warte«, ging der Lange erneut dazwischen. »Ich hab da mal drüber nachgedacht und das durchgerechnet.«

»Was kommt denn jetzt?«, fragte Ronny ungeduldig.

»Ich hab das durchgerechnet«, erklärte der Lange. »Wir sind ja rechts, oder?«

»Super rechts. Wir sind richtig sehr rechts«, bestätigte Dirk.

»Ich sogar noch mehr als der Dicke!«, rief Ronny.

»Also, wenn wir jetzt hingehen und alle links von uns kaputthauen, was sind wir dann?«

»Superdupermegarechts!«, fiepste Dirk enthusiastisch.

»Eben nicht«, erklärte der Lange, »wenn alle links von uns kaputt sind, dann sind wir gar nicht mehr rechts. Dann sind wir Mitte ...«

Er zögerte einen Moment und ergänzte dann: »So wie Merkel.«

»Was?«, fragte Ronny nach einer Denkpause.

»Wenn es links von uns nichts mehr gibt, dann sind wir nicht mehr rechts«, wiederholte der Lange.

Entsetzte Stille machte sich breit.

»Er hat Recht«, nickte Dirk nach einer Weile. »Je mehr Linke es gibt, umso rechter sind wir.«

Wieder war es einen Moment lang still, dann wandte sich der Hund nochmal an Valentin.

»Es stimmt. Du kannst gehen.«

Valentin nickte und drehte sich, um wegzugehen. Erleichtert und nur mühsam ein Lachen unterdrückend, machte er sich auf den Weg. Bis ihn plötzlich ein lauter Ruf erschrak.

»Stopp, Moment!«

Langsam wandte er sich noch einmal zu dem Hund namens Ronny um.

»Kannst du uns einen Gefallen tun?«, fragte dieser und Valentin sah ihn fragend an. »Könntest du bitte möglichst viele Leute überreden, auch links zu werden?«

Valentin zögerte, nickte dann aber schnell.

»Danke dir«, rief Ronny, »dann sind wir in Zukunft noch viel rechter als heute schon!«

»Superdupermegarechts!«, fiepste Dirk noch einmal.

Als Valentin endlich wegkam, dachte er an Ronnys Worte. Es sollte kein Problem darstellen, mehr Linke zu finden. Aber die Frage war, ob er das überhaupt wollte. Denn wenn zu viele Leute links wurden, dann wäre das ja voll Mainstream.

Liebe in Zeiten des Sprachwandels

Du bist meine Ehrenfrau
Ehrenmann
Ich schwör sogar
Brudi, check das
I bims in Liebe vong dir
Sheesh
Real Talk
Alle anderen sind verbuggt
Harte Smombies
Wir sind afk im RL
Du bist glucosehaltig
Und ich dein Snackosaurus
Skrrrr
Lass die anderen ihre Liebe lindnern
Die Lauchs sind voll die Ottos
Und unter den Ottos bin ich der Alpha-Kevin
Lass uns in den Sonnenuntergang dabben
Wir bleiben chillaxed
Fjäidn, Habibi
Dies das, Legolas

Lass die Sprache sich wandeln
Die Liebe bleibt stabil

Parabel der menschlichen Hybris

In einer Höhle sitzen zwei Menschen.

Der Ausgang ist eingestürzt.

Nur von einem unerreichbaren Loch in der Decke scheint ein wenig Licht herein.

Sie sitzen sich seit Wochen gegenüber.

Keiner hat mehr Bock auf das Moos und die Flechten, die sie von den Wänden lutschen.

Keiner will mehr das brackige Grundwasser saufen.

Aber leben wollen sie.

Und sie wollen etwas erleben.

Also starren sie sich an.

Stundenlang.

Tagelang.

Wochenlangweilig.

Bis der eine schließlich einen Geldschein aus der Tasche holt und sagt: »Wenn ich dir eine knallen darf, gebe ich dir zehn Euro.«

Der andere hat momentan überhaupt kein Geld mehr, also ist er sofort einverstanden.

Diesem Bonzen wird er alles abnehmen.

Und dann werden andere Saiten aufgezogen.

Das wird die Revolution der Besitzverhältnisse.

Klatsch.

Es knallt und tut weh.

Aber er kriegt die Moneten.

Die gesamte Kohle der Höhle.

Alles Geld der Welt.

Er hat ein blaues Auge.

Aber er kann sich alles kaufen.

Der Pöbel, der ihm gegenübersitzt, hat alles verloren.

Der törichte Narr!

Er ist hart Unterschicht, das Opfer!

Abschaum!

Sozialschmarotzer!

Den scheint seine eigene Unterlegenheit aber gar nicht zu stören.

Dem muss man mal Manieren beibiegen.

Richtig schön wegdemütigen.

Schließlich hebt der Neureiche also seinen Geldschein und sagt:

»Wenn ich dir eine knallen darf, gebe ich dir zehn Euro.«

Der andere hat momentan überhaupt kein Geld mehr, also ist er sofort einverstanden.

Diesem Bonzen wird er alles abnehmen.

Und dann werden andere Saiten aufgezogen.

Das wird die Revolution der Besitzverhältnisse.

Klatsch.

Es knallt und tut weh.

Aber er kriegt die Moneten.

Die gesamte Kohle der Höhle.

Alles Geld der Welt.

Er hat ein blaues Auge.

Aber er kann sich alles kaufen.

Der Pöbel, der ihm gegenübersitzt, hat alles verloren.

Der törichte Narr!

Er ist hart Unterschicht, das Opfer!

Abschaum!

Sozialschmarotzer!

Den scheint seine eigene Unterlegenheit aber gar nicht zu stören.

Dem muss man mal Manieren beibiegen.

Richtig schön wegdemütigen.

Schließlich hebt der Neureiche also seinen Geldschein und sagt: »Wenn ich dir eine knallen darf, gebe ich dir zehn Euro.«

Der andere stellt überrascht fest, dass er völlig pleite ist, und willigt ein!

Sogar sehr gerne, denn hier geht es um mehr als schnöden Mammon!

Dieser reiche Sack wird gerupft!

Friede den Hütten, Krieg den Palästen!

Proletarier aller Länder, vereinigt euch!

Babylon muss fallen und brennen!

Klatsch.

Es knallt und tut weh.

Aber er kriegt die Moneten.

Die gesamte Kohle der Höhle.

Alles Geld der Welt.

Er hat zwei blaue Augen.

Aber er kann sich eine Sonnenbrille kaufen.

Zumindest theoretisch.

Ihm gegenüber sitzt eine ganz arme Wurst!

Der hätte mal besser mit seinem Geld haushalten sollen!

Jetzt braucht er sich gar nicht wundern!

Ist er doch selbst schuld, wenn das Schicksal ihn auffrisst und auskackt!

Manche sind halt nicht zu Höherem berufen!

Bodensatz der Gesellschaft!

Billiger Lump!

Bettelnder Depp!

Den scheint seine eigene Unterlegenheit aber gar nicht zu stören.

Dem muss man mal Manieren beibiegen.

Richtig schön wegdemütigen.

Mal ordentlich eine knallen!

Plötzlich taucht an dem Loch in der Decke der Höhle ein Gesicht auf.

Dort steht ein Mann mit einem Seil.

Er ruft: »Ich kann euch rausholen.«

Beide Männer rufen gleichzeitig: »Nicht jetzt! Wir müssen hier noch was zu Ende klären.«

Sprache beherrschen

Das ist genau der Punkt.

Wir glauben, dass wir die Sprache beherrschen.

Wir sagen Dinge wie: Die Doppelhaushälfte ist die zersägte Jungfrau der Architektur.

Wir glauben, dass wir die Sprache beherrschen.

Wir bleiben äußerlich ganz gleich, aber innerlich nennen wir ab sofort die Konfettimaschine einen Locher.

Wir glauben, dass wir die Worte wie Werkzeuge nach Belieben einsetzen können, um an den Stellschrauben der Wirklichkeit zu drehen, bis sie nach unserem Willen vibriert.

Wir werfen mit Büchern nach der Sonne.

Wir glauben, dass wir die Sprache beherrschen.

Doch stolpern wir an der kleinsten Mulde.

Es ist falsch, dass wir groß sind.

Es ist richtig, dass wir groß sind.

Beides trifft zu.

Es kommt halt darauf an, ob man eine Ameise fragt oder eine Sonne.

Wir glauben, dass wir die Sprache beherrschen.
Darum reden wir mit Ameisen und Sonnen.

Klar kannst du mit Worten die Welt verändern.
Du kannst ja auch ein Brett auf einen Dackel nageln und behaupten, das sei ein Schwan.

Kein Zollstock so anmaßend wie wir.
Wir hängen Namensschildchen an die Natur, an alle Pflanzen und Tiere.
Du bist jetzt ein ... Quastenflosser.
Herzlichen Glückwunsch.
Wir glauben, dass wir die Sprache beherrschen.

Man sagt, wenn du einen Mörder tötest, bleibt die Anzahl der Mörder auf der Welt gleich.
Leuchtet sofort ein.
Stimmt aber nicht.
Wenn ein Massenmörder durch einen anderen Massenmörder getötet wird, gibt es nachher einen weniger als vorher.
Danke, Dexter.
Wir glauben, dass wir die Sprache beherrschen.

»I bims, 1 Spruch vong Nachdenklichkeit her!«
Wir glauben, dass wir die Sprache beherrschen.

Wirf doch nicht mit deinen Büchern nach der Sonne.
Nimm das Buch in deiner Hand und lies es.
Es ist mit sehr hoher Wahrscheinlichkeit voller Lügen.
Wenn es ein Roman ist, stimmt da rein gar nichts.

Ich habe das geprüft, ich war in Mittelerde, da gibt es gar keine Zauberschule voller Glitzervampire.

Und fang mir gar nicht erst mit sogenannten Sachbüchern an.

Die zehn besten Yoga-Übungen für Ihren Golden Retriever. Tipps und Tricks rund um Quadrate. Mandalas für Hektiker. Deutschland schafft sich ab.

Wir glauben, dass wir die Sprache beherrschen.

»Die Customer Journey beginnt mit dem Raisen des Awarenesslevels.«

Wir glauben, dass wir die Sprache beherrschen.

Als säßen wir auf einem Thron.

Wir bestimmen, wann welche Gruppe wie genannt werden darf.

Wer sich wie und wo diskriminiert fühlen darf.

Wir können groß und breit und ausführlich erklären, dass sprachliche Diskriminierung keinen realen Hintergrund hat und der Einfluss der Sprache da überbewertet wird.

Klar, Sprache hat keine Bedeutung.

Warum halten wir dann nicht die Klappe?

Wir glauben, dass wir Sprache beherrschen.

Natürlich darf man sagen, was man möchte.

Sag du ruhig, dass ich ein linksversiffter Gutmensch bin.

Nenne ich dich halt einen Quastenflosser.

Sei nicht sauer.

Meinungsfreiheit, du arschsaftsaufender Kackschemel.

Man kann sagen, was man will.

Ich hack schon wieder mit der Axt auf die Tastatur.
Wir glauben, dass wir Sprache beherrschen.

Die Buchstaben nach Belieben aneinanderreihen können, um sie wie eine Perlenkette um den dünnen Hals zu tragen, auf dem ein schwerer Kopf thront.

Die Worte wie Werkzeuge nach Belieben einsetzen können, um an den Stellschrauben der Wirklichkeit zu drehen, bis sie nach unserem Willen vibriert.

Wir glauben, dass wir Sprache beherrschen.

Wir beherrschen nicht mal uns.

Gedicht mit Vokalwörtern

Anlässlich meines Auftritts im Goethe-Institut in Athen ist gestern ein spontaner Text entstanden. Im Vorfeld konnten über Facebook und vor Ort Wörter eingereicht werden, die ich einbauen sollte. Vorgabe war dabei, dass in den Wörtern nur ein Vokal vorkommt, wie etwa in »Mississippi« oder in »Paartanz«.

Bevor ich zum Text komme, der dann innerhalb von 30 Minuten geschrieben wurde, seien hier noch einige besonders kreative Einreichungen genannt.

Ein junger Mann hat »Tätärätätä« vorgeschlagen, ein anderer »Pups«. Ein eher kritischer Geist schrieb »Langeweile«. Das fiel leider ein bisschen aus dem Rahmen. Am meisten gelacht habe ich über den Vorschlag »Tanzkurs«. Vielleicht war ja »Tunzkurs« gemeint. Ich persönlich würde ja gerne mal tunzen lernen.

Nun denn, lassen wir das. Hier nun der Text, der am Ende entstand:

Barbara

Barbara lebt in einer Vorstadt
Und weiß nicht, was sie vorhat
Doch schimpft sie wie ein Rohrspatz
Sie hat den Alltags-Chor satt
Das Leben hier am Rand erscheint
Ihr weniger als angepeilt
Sie langweilt sich die ganze Zeit
Weil sie hier zu lange weilt

Es muss doch mehr zu streben geben
Sonst erliegt ihr Seelenleben
Monochrom wie Vollkornbrot
Mit Erdbeergelee oder Rhabarber
Ach, Barbara
Fühlt sich unterfordert
Wie ein Motorboot beim Segelwettbewerb
Und eklig wie ekelerregenden Leberegel beim
  Geschlechtsverkehr

Sie erstickt im Alltags-Balla-Balla
Trinkt sich mit Ananasschnaps ins Walhalla
Doch weiß innendrin:
Die Erde muss sich weiterdrehen
Es ist leicht zu sehen: Zeit zu gehen

Abrakadabra
Sie flieht nach Granada zur Alhambra
Nach Ankara für Baklava
Nach Larnaka und Malaga
Ruft beim Koloss von Rhodos: »Malaka!«
Überquert den Panamakanal
Und ganz abstrakt einen Katarakt im Katamaran
Reitet ein Alpaka bis Alabama
Diniert in Havanna einen Maharadscha
Wohnt in einer Baraka auf Madagaskar

Trifft schließlich in Rimini auf Otto
Er ist Nihilist im Bikini
Verrenteter Gebetskerzenhersteller
Und Schnellredner, sprich Storyteller
Barbara findet Otto irrsinnig sinnlich
Haucht aus tiefem Urgrund: Otto, nimm mich!

Um sie herum kommt es zum Stillstand der Erde
Nur ihre Herzen stampfen wie eine Pferdeherde
Da ist Barbara klar
Die Reise hat ein Ziel
Sie ist da
Pups

Ein bisschen Aua

»Mein Selbst sehnt sich nach unschuldiger Süße
Verzehrt sich im Schwärmen nach Farben!
Diese bunten Kugeln
Rollen auf Bahnen aus Glasur
Klackern in ihrer Tüte
Flüsternd wie Schlüssel in Hosentaschen
Passen sie in das Schloss an der Kiste
Lauwarmer Erinnerungen
Die den Geruch der Kindheit trägt«,
sagte ich.

Carla zog eine Augenbraue hoch.

»Mein Gott, Sebastian! Kannst du dir nicht wie ganz normale Leute eine verfluchte Packung M&Ms bestellen? Blöde Poetry-Slammer immer!«

Mich beschlich das leise Gefühl, dass sie inzwischen unzufrieden mit dem Verlauf unseres ersten Dates sein könnte.

Dabei hatte ich extra den einen Tipp aus einem Romantik-Ratgeber befolgt: »Wenn Sie gemeinsam etwas Aufregendes erleben wollen, dann steigen Sie doch mal gemeinsam an einer unbekannten S-Bahn-Haltestelle aus. Raus aus dem Alltag, hinein in das Abenteuer!«

Jetzt stand ich neben Carla an der S-Bahn-Haltestelle Bochum-Langendreer-West. Im Nieselregen. Am Kiosk.

Leider gab es hier kein Restaurant und daher mussten wir bei unserem Abendessen etwas improvisieren. Kleinere Abstriche muss man schon machen, wenn man sich auf die ganz großen Abenteuer des Lebens einlassen möchte. Statt Linguine mit Trüffelraspeln an Parmesanschaum gab es halt nur eine Packung M&Ms.

Ich fühlte mich wie Bear Grills. Im vollen Survival-Modus.

Carla machte eher einen genervten Eindruck.

»Findest du das nicht total aufregend?«, fragte ich. »Hier geht es ums Überleben. Wir beide alleine gegen die Wildnis!«

»Wir sind in Bochum-Langendreer«, entgegnete Carla mit einem Gesichtsausdruck, den ich nicht recht deuten konnte.

»Habt ihr mal fuffzich Zent für mich?«, fragte plötzlich jemand von der Seite.

Mein Gesicht hellte sich auf, als ich mich langsam umdrehte.

»Schau nur, Carla, ein Ureinwohner!«

Sie riss die Augen weit auf. Endlich Spannung! Ich spürte, jetzt war mein Moment gekommen, um sie endgültig zu beeindrucken.

»Hallo, mein archaischer Freund aus dem Dschungel der Großstadt! Ich taufe dich auf den Namen ›Freitag‹. Wir wollen Freunde sein!«, rief ich und umarmte denn Mann.

Carla zog mich am Arm zur Seite.

»Was zur Hölle machst du da?«, fragte sie.

»Verbrüderung mit den Einheimischen ist der Schlüssel zum Überleben im Unbekannten«, erklärte ich ruhig.

»Denk doch nur daran, wie Kolumbus für einen Sack Glasperlen von den Aborigines Amerika gekauft hat. Das war noch echte Freundschaft.«

Sie sah mich nachdenklich an. Offensichtlich hatte Carla so gar keine Ahnung, wie das in der Wildnis lief. Zum Glück war ich ja dabei. Ich wandte mich wieder an den Dschungelmann.

»Ich habe keinen Sack Glasperlen dabei«, sagte ich.

»Okay, schade«, entgegnete der Mann.

»Aber ich habe etwas sehr viel Wertvolleres.«

Der Mann wurde neugierig.

»Ist es Crack?«

Carla murmelte: »Ne, das hat er selbst genommen.«

»Nein, beides falsch«, triumphierte ich, »es ist der größte Schatz, den wir Europäer seit jeher in den Rest der Welt exportieren.«

»Schusswaffen?«, fragte der Mann.

»Kultur!«, rief ich.

»Schade«, sagte der Mann.

»Ich werde dir ein Gedicht vortragen, mein indianischer Freund. Es wird das Licht der Zivilisation in das trübe Dämmern deiner einfachen Welt bringen.«

»Kann ich dann vielleicht das Crack haben?«, fragte Carla.

Ich hatte nicht direkt den Eindruck, dass sie die Dringlichkeit meiner Handlungen verstand, also wandte ich mich leise an sie.

»Hör mal, wir müssen vorsichtig sein«, flüsterte ich, »viele Ureinwohner sind Kannibalen. Ich weiß das, ich hab alle Bücher von Karl Marx gelesen.«

Carla verdrehte die Augen.

»Meinst du vielleicht Karl May?«

»Ach, du Dummerchen«, lächelte ich rücksichtsvoll. »Der heißt Reinhard May.«

Sie verzog das Gesicht. Die Arme schien ganz plötzlich Kopfschmerzen zu kriegen.

Ich wollte ihr gerne helfen, aber ich hatte zuvor noch eine andere Mission. Also drehte ich mich von ihr weg und wandte mich wieder an den Ureinwohner.

Doch der war gar nicht mehr da. Er hatte sich offenbar in Nichts aufgelöst. Es handelte sich womöglich um einen Schamanen.

»Der Zauber des Dschungels«, murmelte ich. »Magic.«

Spätestens dieses Wunder musste Carla mit unserem Abenteuer versöhnen. Ich drehte mich gespannt zu ihr.

Doch dort war nur der leere Bürgersteig.

»Double magic«, murmelte ich. War das gerade wirklich passiert?

Ich sah auf die Packung M&Ms in meiner Hand.

Klackernd in ihrer Tüte
Flüsternd wie Schlüssel in Hosentaschen
Passten sie in das Schloss an der Kiste
Die mir zumurmelt:
»Dates sind nicht deine Stärke.«

Skifliegen
Ein Zungenbrecher

Ein geheimes Schifferlied
Ist in tiefem Schilf geleakt
Es singt, dass unser
Chief
(Der Schiefer liebt)
Erliegt
Weil er beim Skifliegen
Schiefliegt

Ehe für alle

Ich bin ja für die Ehe für alle.

Ich hab das allerdings zuerst ganz falsch verstanden. Ich dachte, es ginge um die Ehe für alle. Also ALLE.

Ich fand das sofort ein einleuchtendes Konzept. Alle heiraten alle.

Der Gedanke liegt nah. Alle mit allen verheiratet. Passt, oder? Ich meine, die meisten Menschen haben doch eh schon keinen Sex mehr miteinander.

Aber im Ernst, Ehe für alle!

Wie schön wäre das denn eigentlich? Es würde anfangen mit einer sehr großen Hochzeit, ein riesiges Fest, das alle Menschen auf der Welt miteinander feiern würden.

Wer will nicht die Schlagzeile lesen: Donald Trump heiratet Wladimir Putin.

Oder noch schöner: Der Papst heiratet Bushido.

Gut, ihr heiratet diese Leute ja auch alle. Das klingt erstmal abschreckend. Andererseits seid ihr ja nicht alleine mit denen verheiratet, sondern mit 7 Milliarden anderen Leuten. Also seid ihr nur mit einem Siebenmillardstel von Donald Trump verheiratet. Vielleicht ein halbes Haar.

Dafür seid ihr aber auch sofort mit eurer Traumfrau oder mit eurem Traummann verheiratet. Ach was, was heißt hier »oder«? Ihr seid mit beiden verheiratet!

Fremdgehen wäre übrigens automatisch eine Sache der Vergangenheit, ebenso wie Eifersucht. Wir würden darüber lachen, dass uns solche Narrheiten wütend gemacht haben. Pfff, als hätten wir Besitzansprüche auf jemanden, nur weil diese Person mit uns zusammen sein will. Absurd, oder?

Und jedes Verbrechen würde uns viel betroffener machen, denn jedes einzelne Verbrechen wäre eine Familientragödie. Und wir würden alle gemeinsam daran arbeiten, so etwas zu vermeiden.

Aber das ist gar nicht der größte Vorteil. Ich denke da an die Gütergemeinschaft in einer Ehe. Nach der Heirat gehört alles allen zu exakt gleichen Teilen. Klingt irgendwie erstmal ganz gerecht, oder? Und das ist natürlich kein Kommunismus, das ist Ehe!

Zack, bumm, Kapitalismus abgeschafft. Tschüss, du glitzernder Lump. Wozu sollte man sich auch bereichern wollen? Wir sind ja alle gemeinsam verheiratet – es bleibt eh alles in der Familie!

Und wie schön wäre es, wenn alle Kinder unsere Kinder wären? Es würde auf gar keinen Fall mehr verhungernde Kinder im Jemen, Straßenkinder in Ruanda oder dergleichen geben. Wir würden uns kümmern.

Wir würden auch niemand mehr im Mittelmeer ertrinken lassen. Ich meine, bei irgendwelchen Wildfremden, da kann man sich ja vielleicht noch einreden, dass da Terroristen dabei sind oder die uns arme, arme Europäer beklauen wollen. Oder man denkt sich, dass man ja die Grünen gewählt hat und das reichen muss, und dann dreht man sich weg und denkt nicht mehr drüber nach, dass da jeden Tag Menschen absaufen.

Das würde natürlich nicht mehr passieren, denn niemand würde seinen Ehepartner ertrinken lassen.

Na gut, okay, ein paar Leute vielleicht schon. Aber da wären immer noch Milliarden andere, die helfen würden.

Was glaubt ihr, wie schnell wäre ein Mittel gegen die Malaria-Epidemie entwickelt, wenn nicht nur »irgendwelche Afrikaner*innen« betroffen wären, sondern die Ehefrauen und -männer der Entscheidungsträger dieser Welt?

Alle Grenzen wären abgeschafft. Denn wozu sollten die auch dienen? Alles, was sie bewirken würden, wäre es, Ehepartner voneinander zu trennen. Wer sollte das wollen, zumal ja wirklich jeder Einzelne von diesen absurden Installationen betroffen ist, die völlig random auf dem Erdboden verteilt sind. Wozu sollte man das wollen?

Kein Hass, keine Ausbeute, keine Grenzen, kein Verbrechen, weniger Krankheiten, keine Armut, nirgendwo mehr.

Und ich weiß, ich weiß, es ist ein völlig verrückter Gedanke, dass wir alle uns heiraten und die ganze Welt unsere Mitgift ist.

Darum würde ich das auch nie laut sagen.

Aber heimlich bin ich schon für die Ehe für alle.

DSGVO

Die Völker war'n verdutzt und scharrten
Um sich rum zum Schutz der Daten
Virtuelle Mauerwerke
Isolierte Dauerhärte
So was gibt's so schnell nie wieder
Ganz allein in Social Media!

Nur Kinder eines Sittenstrolches
Sind frech und bestritten solches!

Sie hatten nicht zum Knips gebeten
Und sind mir auf den Schlips getreten
Als Sie mich dann krass markiert
Bald werden Sie im Knast paniert!

So kehrt endlich mein Wille ein
Es soll auf Facebook Stille sein
Ich mache Ihren Spaß zunichte
Daran, mich einfach abzulichten

Ich lass gern diese Hürde walten
Denn ich will meine Würde halten
Wissen Sie, ich seh das so
Danke, DSGVO

Jetzt wird dem letzten Spanner klar:
Weg mit Ihrer Kamera
Ein Bild von mir könn'n Sie vergessen
Schönen Gruß, Ihr Lieblingsessen

Narziss mit Schwimmflügeln

Es stehen ein paar Lämmer rum in der Dämmerung
Als ginge es am Ende um Veränderung
Wehen sie als Windkolonne in der Wintersonne
Getrimmte Wolle in gedimmter Rolle
Streifen ihre seichtweißen Seiten
Die Breite eines gleich weichen Teiches
Eingangszeichen des Kaiserreiches
Des Dreizackgreises Neptun
Das man vergleichsweise leicht als Ufer beschreibt

Super und nice, dann schreib das doch gleich
Statt ewig rumzumetaphern von Wundern und Wassern
Wozu all das Gerede in verschnörkelten Sätzen?
Das Gedicht spielt am Ufer
– kein Grund mehr, zu schwätzen!

In diesen frischen Brisen zwischen Stunden
Wo auf siebzig glitzernden Gischtspitzen
Lichtblitze funkeln
Wo Wogen wiegeln und Punkte unverbunden
Ihre Dunstkreise umrunden

Da ist Narziss, am Ufer sitzend
In sein Spiegelbild versunken
Sieben Siegel sind verschwunden
Er ist nah dran
Doch hat diesen Frieden nicht gefunden
Ein halber Strich durch die Rechnung
Macht Wunder zu Wunden

Na, du bist mir ja ein ganz schlauer Verfasser
Also Narziss sitzt traurig am Wasser
Oder ist das jetzt auch ne Metapher?
Und außer dass sich wer ans Ufer setzt –
passiert da auch noch was in deinem super Text?

Narziss, der hier den Helden gibt
Während er selbstverliebt
In die Wellen sieht
Und ein Selfie schießt
Auf der Stelle schiebt
Er darüber
Als immer gechillter
Erfinder der Bilder
Einen Instagramfilter
So wirkt es hinterher milder

Narziss versteht es, sich zu inszenieren
Sich zwischen GIFs von witzigen Tieren
In Fenstern und Türen
Berüchtigten Viren
Und berechtigten Schlieren
Im richtig wichtigen Internet zu integrieren

Narziss spricht fließend Emoji
Und frisst die Beeren der Goji

Lass mich raten: Das macht er nur der Reimes wegen
Na, meinetwegen

Sein Bildschirm wird zum Sintflutfenster
Narziss viral wie Influenza
Als viraler Influencer
Egomaner Infosender
Inhalt mit dem Intro Ender

»Mein Profil, mein Essen, mein Urlaub, meine Karre,
Mein Gesicht, mein Kanal, mein Blog
Mein Haus ist die Welt und das Bild meiner Selbst
Geht vom ersten bis zum 16. Stock«

Oh, wie originell, jetzt ist das Zitat
Von einem bekannten Sänger dran
Wie bist du denn darauf gekommen
Du Aushilfs-Julia-Engelmann?

Wenn man ihn auf Selbstverliebtheit anspricht
Sagt Narziss
Man habe nicht auf den Richtigen gezeigt
Und er bezichtigt dich des Neids
Es gäbe bei ihm nicht nur flüchtige Details
Und nichtigere Hypes, er sei nicht süchtig nach den Likes!
Er drücke sich nicht vor Streit und der richtige Beweis:
Er hätt sogar schon mal was mit Thema Flüchtlinge geteilt!

Was für ein komischer Konter
Flüchtlinge, na klar, aber pro oder contra?

Dann hat er sich auf Ethik an der Schule besinnt
Und weil Tierversuche gruselig sind
Hat Narziss mit gesundem Google-Instinkt
Aus Protest dagegen seinen Pudel geschminkt
Live im Stream, und eh der Jubel verrinnt
Einen neuen Sponsoren gesignt
Da ist er vorne dabei
Das darf schon ordentlich sein
Er ist geborn in ner Zeit
Da ist die Sorge nie weit
Ohne Kohle allein
Im Netz verloren zu sein
Wie will man sich auch
Ohne Bitcoin mitfreun?
Im neoliberalen Kapitalismus gilt
Kapital is Muss

Na schau, vor Wortspielen ist er fast am Platzen
Literaturnobelpreis, ick hör dir trapsen

Auf das reiche Geld
Ist seine Welt eingestellt
Keiner hält, solange man kein Nein erhält
Du weißt es selbst
Nur das Laptoplicht als fahler Schein erhellt
Was man sich für Scheiß bestellt

Die Klingel schellt wie Jingle Bells
Narziss, wenn du die Dinge sellst
Von hier bis in die Hinterwelt

In deinem verschwurbelten komischen Text
Klingt selbst ein Abgrund so schön wie ein Honigrezept
Sag das doch einfach offener jetzt:
Amazon ist Teleshopping auf Crack

Narziss kriegt gewiss eine Provision
Von der Lotion
Die er in seinem Tutorial empfiehlt
Ich sag nur Hashtag ordentlicher Deal
So wird der Lohn endlich erzielt
Den ein Gesicht wie das seine schon immer verdient
Das schimmert und glüht, dass man nimmermehr sieht
Was dahinter verblüht
Im Innern gefühlt ein stilles Gemüt
Das sich im Spiegelbild sieht
Wie es sich im Wasser silberig wiegt

Oh, anschnallen bitte, jetzt kommt die moralische Wendung
Die pathetische Endung jeglicher Sendung
Das kleine Besteck simpler Gangart
Der Poetry-Slam-Standards

Am Ufer sitzt Narziss, der den Helden hier gibt
Selbstverliebt
In die Wellen sieht
Und ein Selfie schießt

Ich weiß, dass ihr wisst
Was das Ende hier ist
Dass Narziss, der Narzisst
Nichts mehr isst
Sich vor Eitelkeit jede Einzelheit
Seines eignen Leibs einverleibt
Doch leider ansonsten kein Reiskorn speist
Und so ohne Absicht abtritt

Vorhersehbar wie der Sonnenaufgang bei Tagesanfang
Probier doch statt Lyrik mal Schlagergesang
Baust dich auf, mit breiter Brust die Moral zu verkünden
Und bist selbst kein Stück klar von den Sünden
Wenn du das Mikrofon küsst
Gefällst dir allzu gut im Scheinwerferlicht
Und das Essen im Backstage wartet vergeblich auf dich

Ach, Narziss
Das Tragische ist
Dass all die Kids
Deren Vorbild du bist
Ihre Stärken nie merken
Denn wir sind unsere Kunstwerke
Unsere Körper sind Wörter
Unsere Finger sind Pinsel
Unsere Zungen sind Geigenbögen
Die Ohren Notenschlüssel
Die Füße sind Theaterbühnen
Das Herz eine Skultpur
Jeder Schritt schafft die Kultur

Wir schaffen Kunst in jeder Sekunde
Doch ganz ehrlich: Das meiste ist Schrott
Wir reifen ja noch
Und begreifen es doch:
Um Spreu vom Weizen zu trennen
Wird er immer wichtiger
Damit wir nicht an uns scheitern
Brauchen wir den inneren Kritiker

Wie bitte?

Ich geh jetzt was essen!
Kommst du mit?

Gegenteil

Das Gegenteil von Auf-den-Strich-Gehen ist ein Standpunkt
Das Gegenteil von Füßeln ist eine Handlung
Das Gegenteil von Verzweifeln ist Vereinfachen
Das Gegenteil von Biersieben ist Weihnachten

Das Gegenteil von »Geh presto« ist Commandante
Das Gegenteil von »noch verlegen« ist schon verstanden
Das Gegenteil von allen Flügeln ist manches Klavier
Und das Gegenteil von Gegenteil ist ganzes Dafür

Bei Lektora erschienen

Sebastian 23

Hinfallen ist wie Anlehnen, nur später.

Dieser preisgekrönte Bestseller von Sebastian 23 versammelt einige seiner bekanntesten Texte, z. B. »Zeit für Lyrik« oder »Trojanische Worte«, und natürlich viele weitere. Gedichte, Geschichten, Dialoge, manche lustig, manche ernst und manche, die sich gekonnt jeder Zuordnung verweigern.

»Ich bin nicht so der Morgenmensch. Ich bin mehr so ein Morgenmufflon. Mein morgendlicher Kaffeekonsum hält die Konjunktur Kolumbiens stabil, denn ich brauche so viel von dem Zeug, dass dem deutschen Durchschnittsbürger schon beim Zusehen die Herzkammer flattern würde. Das ist wichtig, denn manchmal habe ich morgens dringende Sachen zu erledigen, wie z. B. einen Anruf bei meiner Krankenkasse, und wenn ich vorher nicht genug Kaffee hatte, kann es schon mal sein, dass ich aus Versehen die Faxnummer wähle und mich eine halbe Stunde mit dem Piepton unterhalte.«

»I love it.«
(Clueso)

»Also so mag ich Lyrik auch.«
(Barbara Schönerberger)

ISBN 978-3-95461-081-5
9,90 Euro
Erschienen 2016

www.lektora-verlag.de/shop